해법 기초계산 A1

1. 4주 완성의 계획적인 수학 학습!
2. 시간 내 푸는 연습을 통한 실전 감각 향상!
3. 다양한 구성의 문제로 사고력 향상!

계산력이 왜 중요한가?

선생님! 계산력이 왜 중요한가요?

수학 만점으로 가는 길은 계산력에서
시작한단다. 왜 중요한지 수학의 아버지
피타고라스 선생님에게 물어볼까?

계산력은 수학의 뿌리!
계산력 없이 수학은 생각할 수 없지.
수학은 계통성의 학문이라고 해.
역연산으로 인해 덧셈이 뺄셈의 기초가 되고,
곱셈이 확립되어야
나눗셈이 가능해지기 때문이지.
따라서 수학의 근간인 기초 계산력을
완벽하게 다져 주는 것이야말로
수학 만점으로 가는 첫걸음이지.

구성과 특징

개념 만화

만화를 통한 원리 깨치기

만화를 통한 계산 원리와 개념을
이해할 수 있습니다.

1단계

집중 연습으로 계산력 다지기

집중 연습 문제로 기초 계산력을
완벽하게 다질 수 있습니다.

2단계

퍼즐형 문제로 정확성 기르기

흥미로운 퍼즐형 문제로 이루어져
집중력과 정확성까지 기를 수 있습니다.

3단계

다양한 문제로 사고력 키우기

다양한 문제를 통해 수학적 사고력과
문제 해결력을 높일 수 있습니다.

내용 구성표

권	주	A단계 (5~7세)	B단계 (5~7세)	C단계 (5~7세)
1권	1	일대일 대응, 많다 · 적다	더하기 3 : (1~7)+3	빼기 5 : (1~20)−5
	2	1~5 수 익히기	더하기 3 : (1~17)+3	빼기 6 : (1~20)−6
	3	1~5 수 익히기	더하기 3 : (1~27)+3	빼기 4, 5, 6의 종합
	4	0, 6~10 수 익히기	더하기 1, 2, 3의 종합	더하기 · 빼기의 종합 ①
2권	1	0, 6~10 수 익히기	빼기 1 : (1~10)−1	더하기 · 빼기의 종합 ②
	2	1~10 종합	빼기 1 : (1~20)−1	더하기 7 : (1~9)+7
	3	수 가르기와 수 모으기(1, 2, 3, 4, 5)	빼기 2 : (1~10)−2	더하기 7 : (1~19)+7
	4	수 가르기와 수 모으기(6, 7, 8, 9, 10)	빼기 2 : (1~20)−2	더하기 7 : (1~23)+7
3권	1	11~20 수 익히기	빼기 3 : (1~10)−3	더하기 8 : (1~9)+8
	2	11~20 수 익히기	빼기 3 : (1~20)−3	더하기 8 : (1~22)+8
	3	1~20 종합	빼기 1, 2, 3의 종합	더하기 9 : (1~9)+9
	4	21~30 수 익히기	더하기 · 빼기의 관계 ①	더하기 9 : (1~21)+9
4권	1	31~40 수 익히기	더하기 · 빼기의 관계 ②	더하기 10 : (1~20)+10
	2	41~50 수 익히기	더하기 4 : (1~6)+4	더하기 7, 8, 9, 10의 종합
	3	1~50 종합	더하기 4 : (1~16)+4	더하기 1~10의 종합
	4	51~70 수 익히기	더하기 4 : (1~26)+4	빼기 7 : (1~20)−7
5권	1	71~100 수 익히기	더하기 5 : (1~9)+5	빼기 8 : (1~20)−8
	2	1~100 종합	더하기 5 : (1~15)+5	빼기 9 : (1~20)−9
	3	더하기 1 : (1~9)+1	더하기 5 : (1~25)+5	빼기 10 : (1~20)−10
	4	더하기 1 : (1~19)+1	더하기 6 : (1~9)+6	빼기 7, 8, 9, 10의 종합
6권	1	더하기 1 : (1~29)+1	더하기 6 : (1~14)+6	빼기 1~10의 종합
	2	더하기 2 : (1~8)+2	더하기 6 : (1~24)+6	더하기 · 빼기의 종합 ③
	3	더하기 2 : (1~18)+2	더하기 4, 5, 6의 종합	더하기 · 빼기의 종합 ④
	4	더하기 2 : (1~28)+2	빼기 4 : (1~20)−4	재미있는 더하기 · 빼기의 규칙

권	주	D단계 (초1)	E단계 (초2)	F단계 (초3)	G단계 (초4)
1권	1	더하기 1, 2, 3	받아올림이 있는 (두 자리 수)+(한 자리 수)	(세 자리 수)+(세 자리 수) ①	100, 1000, 10000, 몇백, 몇천 곱하기
	2	합이 5까지인 덧셈	받아내림이 있는 (두 자리 수)−(한 자리 수)	(세 자리 수)+(세 자리 수) ②	(세 자리 수)×(두 자리 수)
	3	합이 9까지인 덧셈	세 수의 덧셈	(세 자리 수)−(세 자리 수) ①	(네 자리 수)×(두 자리 수)
	4	받아올림이 없는 (한 자리 수)+(한 자리 수)	세 수의 뺄셈	(세 자리 수)−(세 자리 수) ②	(세 자리 수)×(세 자리 수)
2권	1	빼기 1, 2, 3	일의 자리에서 받아올림이 있는 (두 자리 수)+(두 자리 수)	2, 3, 4, 5의 단 곱셈구구를 이용한 나눗셈	(세 자리 수)÷(한 자리 수)
	2	5까지의 뺄셈	십의 자리에서 받아올림이 있는 (두 자리 수)+(두 자리 수)	6, 7, 8, 9의 단 곱셈구구를 이용한 나눗셈	(두·세 자리 수)÷(몇십)
	3	9까지의 뺄셈	일, 십의 자리에서 받아올림이 있는 (두 자리 수)+(두 자리 수)	곱셈구구를 이용한 나눗셈 ①	(두·세 자리 수)÷(두 자리 수)
	4	(한 자리 수)−(한 자리 수)	받아올림이 있는 (두 자리 수)+(두 자리 수)	곱셈구구를 이용한 나눗셈 ②	(세·네 자리 수)÷(두 자리 수)
3권	1	10이 되는 더하기	받아내림이 있는 (두 자리 수)−(두 자리 수) ①	(두 자리 수)×(한 자리 수) ①	덧셈과 뺄셈의 혼합 계산
	2	10에서 빼기	받아내림이 있는 (두 자리 수)−(두 자리 수) ②	(두 자리 수)×(한 자리 수) ②	곱셈과 나눗셈의 혼합 계산
	3	세 수의 계산 ①	세 수의 계산 ①	(두 자리 수)×(한 자리 수) ③	혼합 계산 1
	4	세 수의 계산 ②	세 수의 계산 ②	(두 자리 수)×(한 자리 수) ④	혼합 계산 2
4권	1	받아올림이 없는 (두 자리 수)+(한 자리 수)	2, 3, 4, 5의 단 곱셈구구	(네 자리 수)+(세 자리 수)	분수의 이해 1
	2	받아올림이 없는 (두 자리 수)+(두 자리 수)	6, 7, 8, 9의 단 곱셈구구	(네 자리 수)+(네 자리 수)	분수의 이해 2
	3	받아내림이 없는 (두 자리 수)−(한 자리 수)	곱셈구구 ①	(네 자리 수)−(세 자리 수)	분수의 이해 3
	4	받아내림이 없는 (두 자리 수)−(두 자리 수)	곱셈구구 ②	(네 자리 수)−(네 자리 수)	분수의 덧셈
5권	1	두 수의 합이 10이 되는 세 수의 덧셈	받아올림이 없는 (세 자리 수)+(세 자리 수)	(세 자리 수)×(한 자리 수)	분수의 덧셈
	2	(한 자리 수)+(한 자리 수) ①	일의 자리에서 받아올림이 있는 (세 자리 수)+(세 자리 수)	(한 자리 수)×(두 자리 수)	분수의 뺄셈 1
	3	(한 자리 수)+(한 자리 수) ②	십의 자리에서 받아올림이 있는 (세 자리 수)+(세 자리 수)	(두 자리 수)×(두 자리 수) ①	분수의 뺄셈 2
	4	(한 자리 수)+(한 자리 수)의 종합	일, 십의 자리에서 받아올림이 있는 (세 자리 수)+(세 자리 수)	(두 자리 수)×(두 자리 수) ②	세 분수의 덧셈과 뺄셈
6권	1	(십 몇)−(한 자리 수) ①	받아내림이 없는 (세 자리 수)−(세 자리 수)	(두 자리 수)÷(한 자리 수) ①	소수 한 자리 수의 덧셈
	2	(십 몇)−(한 자리 수) ②	십의 자리에서 받아내림이 있는 (세 자리 수)−(세 자리 수)	(두 자리 수)÷(한 자리 수) ②	소수 두·세 자리 수의 덧셈
	3	세 수의 덧셈	백의 자리에서 받아내림이 있는 (세 자리 수)−(세 자리 수)	(두 자리 수)÷(한 자리 수) ③	소수 한 자리 수의 뺄셈
	4	세 수의 뺄셈	십, 백의 자리에서 받아내림이 있는 (세 자리 수)−(세 자리 수)	(두 자리 수)÷(한 자리 수) ④	소수 두·세 자리 수의 뺄셈

Q&A 활용 가이드

Q	A
아이 수준을 몰라서 어느 단계의 교재를 선택하면 될지 모르겠어요.	한 페이지에서 틀린 문제가 6문제 이상이면 이전 단계의 교재부터 시작하세요.
계산 실수를 자주 해요.	매일매일 공부하는 습관으로 정확성을 키우세요.
시험 시간이 부족해요.	정해진 시간 안에 푸는 연습으로 실전 감각을 키우세요.
공부 계획을 스스로 세우기 힘들어요.	스케줄표를 이용해 계획을 세워 2주, 4주 완성에 도전하세요.

4주 완성 스케줄표

활용 방법 매일 2장(2차시)씩 풀면 24일 만에 완성할 수 있습니다.

주						
1주	1일	2일	3일	4일	5일	6일
확인	12~15쪽	16~19쪽	20~23쪽	24~27쪽	28~31쪽	32~35쪽
2주	7일	8일	9일	10일	11일	12일
확인	40~43쪽	44~47쪽	48~51쪽	52~55쪽	56~59쪽	60~63쪽
3주	13일	14일	15일	16일	17일	18일
확인	68~71쪽	72~75쪽	76~79쪽	80~83쪽	84~87쪽	88~91쪽
4주	19일	20일	21일	22일	23일	24일
확인	96~99쪽	100~103쪽	104~107쪽	108~111쪽	112~115쪽	116~119쪽

※ 매일 4장(4차시)씩 풀면 12일 만에 완성할 수 있습니다.

1주 일대일 대응, 많다 · 적다

학습 체크표 매일 학습이 끝나면 채점을 하고 체크표를 작성하여 나의 실력을 알아보세요.

차시	단계	공부한 날	잘 했나요?
1차시	1단계	월 일	
2차시		월 일	
3차시		월 일	
4차시		월 일	
5차시		월 일	
6차시		월 일	
7차시		월 일	
8차시		월 일	
9차시	2단계	월 일	
10차시		월 일	
11차시	3단계	월 일	
12차시		월 일	

틀린 개수가

0~1개이면 (아주 잘함)에, 2~3개이면 (잘함)에,
4~5개이면 (보통)에, 6개 이상이면 (노력 바람)에 색칠해 주세요.

만화로 개념 알아보기

학습목표 사물을 하나씩 짝지어 보면서 수와 양 개념의 기초를 다지고, 많고 적음을 알 수 있습니다.

모자도 써야지.
미정이
모자 하나,
유정이
모자 하나,
신발도
신어야지.
미정이
신발 하나,
유정이
신발 하나.

비가 오니까 우산도 하나씩 가져가자.
미정이 우산 하나,
유정이 우산 하나.
어? 우산이 하나 남아요.
너희들 유치원 데려다줘야 하니까 엄마도 우산 하나.

1 차시 일대일 대응, 많다 · 적다

1 단계

점선 따라 선을 그어 하나씩 짝지으세요.

* 동물 한 마리에 먹이를 하나씩 짝지어 봐요.

꼭꼭 짝짓기는 수 개념의 기초가 되므로 주변에서 관계있는 것끼리 하나씩 짝지어 보는 활동을 해 봅니다.

점선 따라 선을 그어 하나씩 짝지으세요.

* 채소와 채소를 하나씩 짝지어요.

점선 따라 선을 그어 하나씩 짝지으세요.

* 함께 쓰이는 물건끼리 짝지어 봐요.

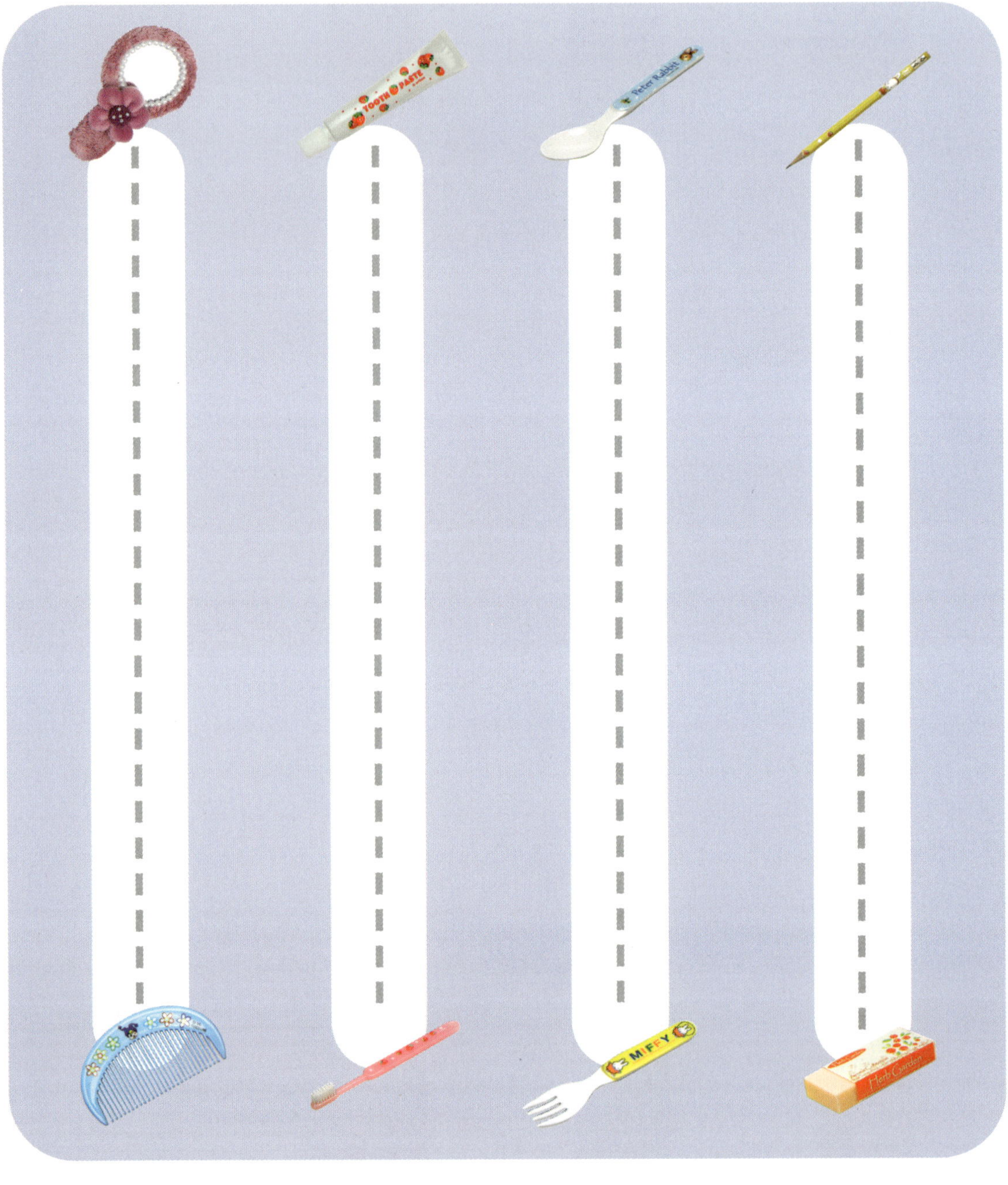

점선 따라 선을 그어 하나씩 짝지으세요.

3 차시 일대일 대응, 많다 · 적다

1 단계

점선 따라 선을 그어 하나씩 짝지으세요.

꼭꼭 아이에게 친근한 동물을 소재로 다루어 주변 환경에 관심을 갖게 하고, 수 이전의 개념을 다지는 활동입니다. 동물의 이름을 말하면서 점선 따라 하나씩 짝지어 보게 합니다.

점선 따라 선을 그어 하나씩 짝지으세요.

4 차시 일대일 대응, 많다 · 적다

1 단계

점선 따라 선을 그어 하나씩 짝지으세요.

* 산타 할아버지와 선물처럼 서로 어울리는 것끼리 하나씩 짝지어 봐요.

점선 따라 선을 그어 하나씩 짝지으세요.

5 차시 일대일 대응, 많다 · 적다

1 단계

같은 것끼리 ◯로 묶어 짝지으세요.

같은 것끼리 ○로 묶어 짝지으세요.

꼭꼭 우리 몸에 필요한 물건들 중에 한 쌍이 되는 물건들을 짝지어 봅니다. '손에 끼는 장갑은 꼭 짝이 필요해요.' 하면서 짝이 필요한 물건들을 말하고 짝지어 보게 합니다.

6 차시 일대일 대응, 많다 · 적다

점선 따라 하나씩 짝지어 보고, 남는 쪽에 색칠하세요.

* 짝짓고 나니까 녹색 컵이 남아요.

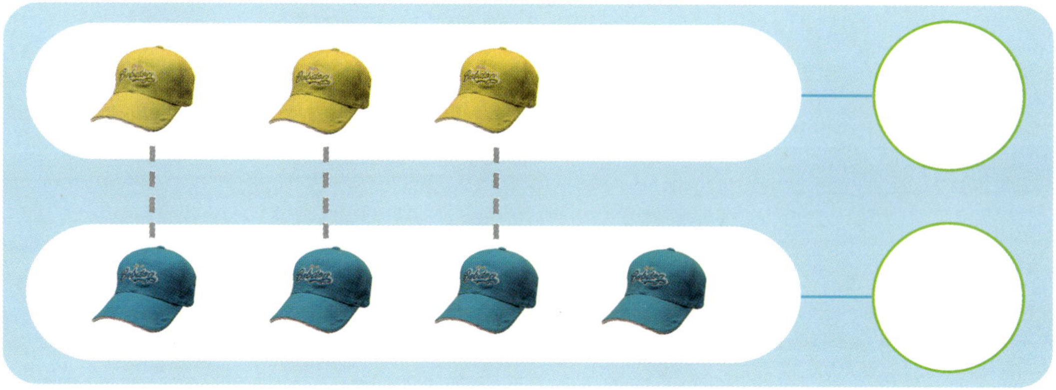

점선 따라 하나씩 짝지어 보고, 남는 쪽에 ○하세요.

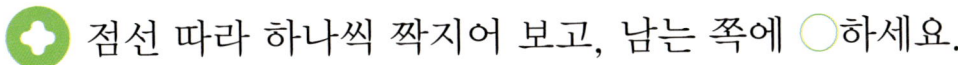

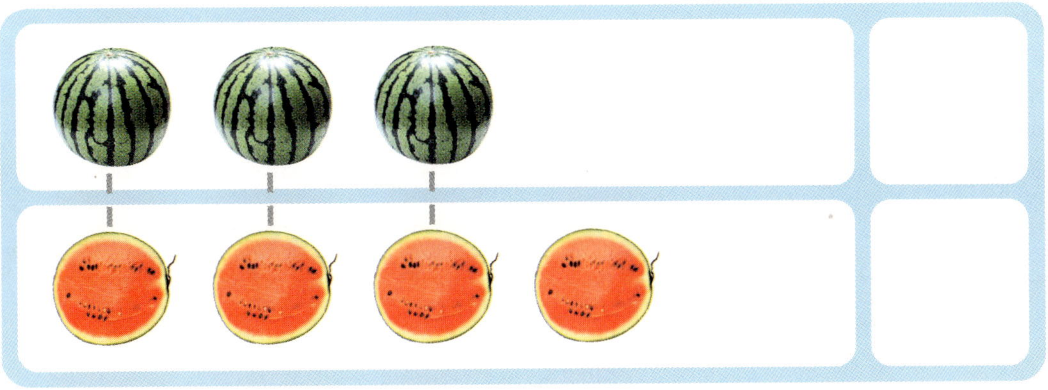

7 차시 일대일 대응, 많다 · 적다

1 단계

점선 따라 하나씩 짝지어 보고, 모자라는 쪽에 색칠하세요.

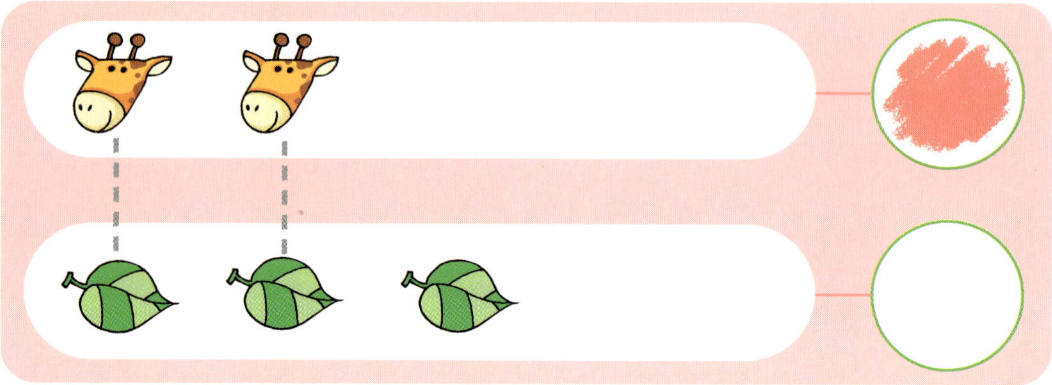

* 짝짓고 나니까 바나나가 모자라는구나.

꼭꼭 동물과 먹이를 하나씩 짝지어 보면서 모자라는 쪽이 더 적은 쪽임을 알게 합니다.

점선 따라 하나씩 짝지어 보고, 모자라는 쪽에 △하세요.

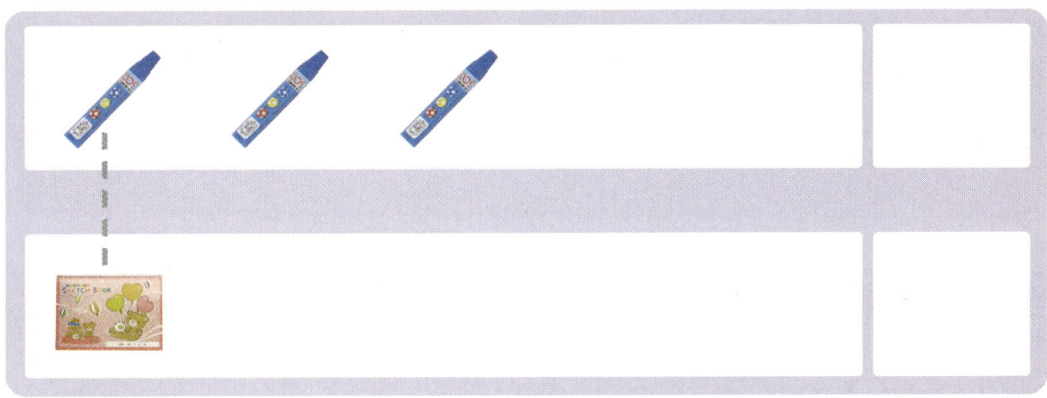

8 차시 일대일 대응, 많다 · 적다

1단계

점선 따라 하나씩 짝지어 보고, 남는 쪽에 색칠하세요.

점선 따라 하나씩 짝지어 보고, 모자라는 쪽에 △하세요.

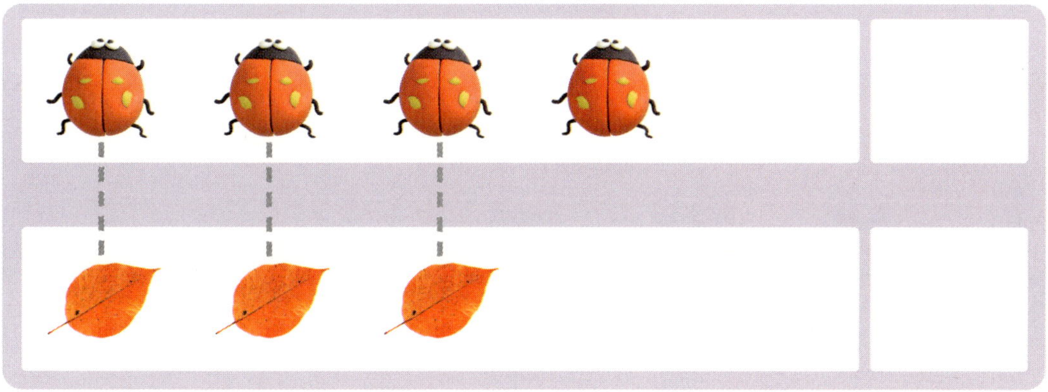

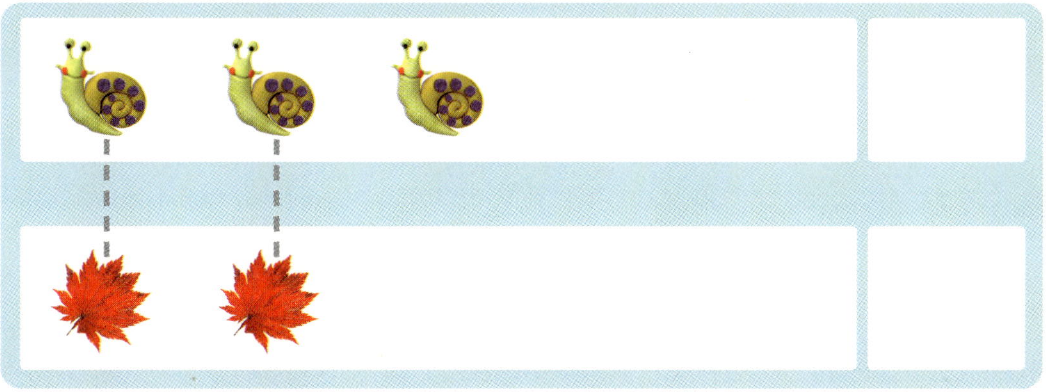

9 차시 일대일 대응, 많다 · 적다

2단계

점선 따라 하나씩 짝지어 보고, 더 많은 쪽에 ◯하세요.

짝짓고 남는 쪽이 더 많아요.

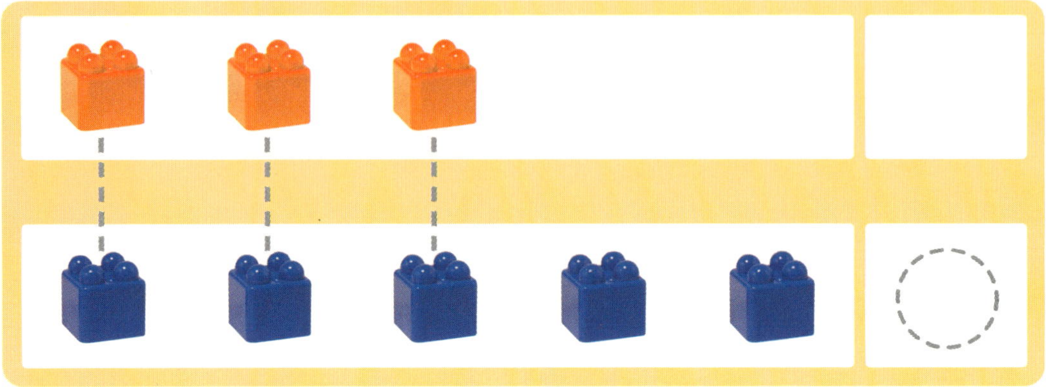

꼭꼭 하나씩 짝짓고 모자라는 쪽이 더 적고, 남는 쪽이 더 많은 것임을 알게 합니다. 개념을 이해하기 쉽도록 장난감을 이용하여 짝지어 보면서 많고 적음을 알아봅니다.

점선 따라 하나씩 짝지어 보고, 더 적은 쪽에 △하세요.

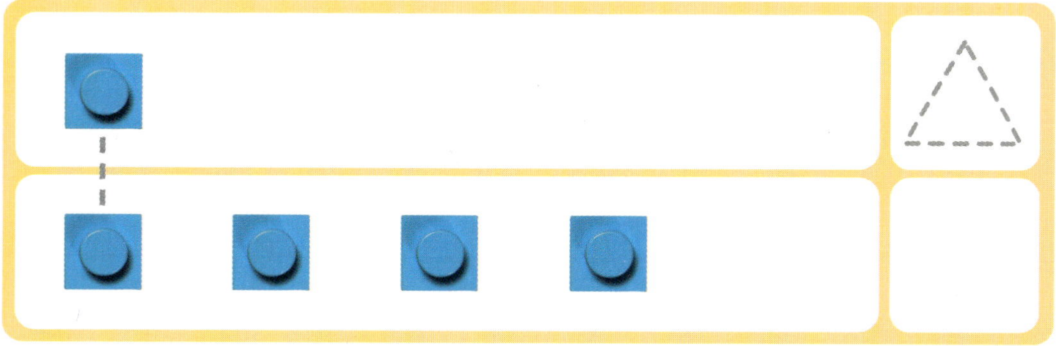

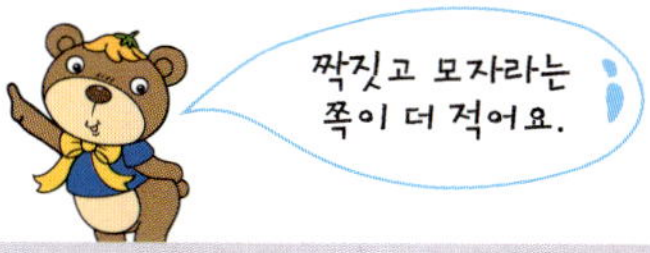
짝짓고 모자라는
쪽이 더 적어요.

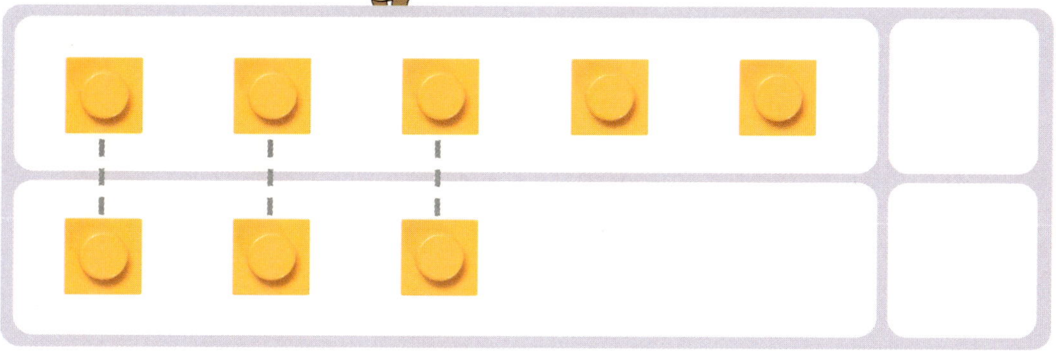

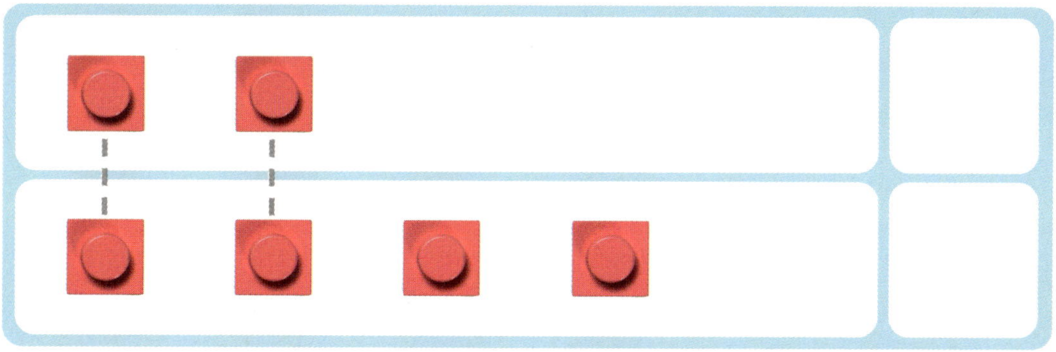

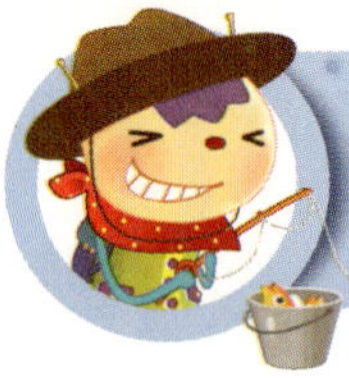

10 차시 일대일 대응, 많다 · 적다

2단계

하나씩 짝지어 보고, 더 많은 쪽에 색칠하세요.

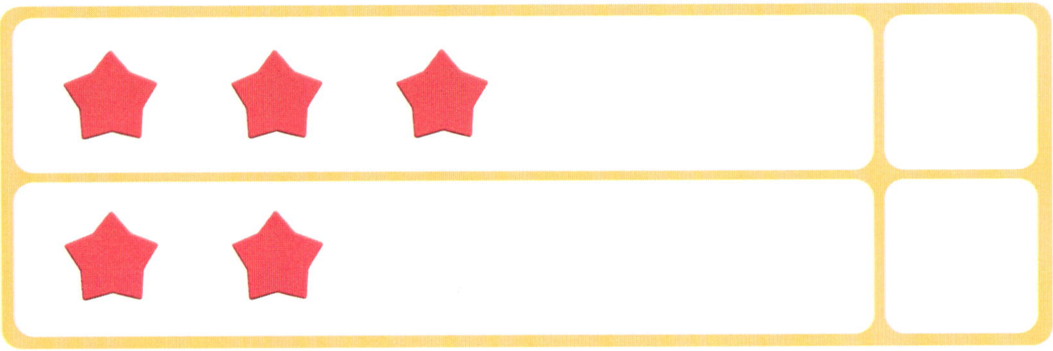

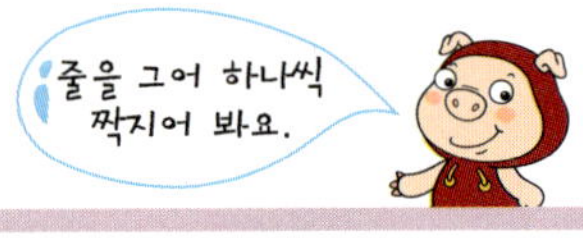
줄을 그어 하나씩
짝지어 봐요.

하나씩 짝지어 보고, 더 적은 쪽에 색칠하세요.

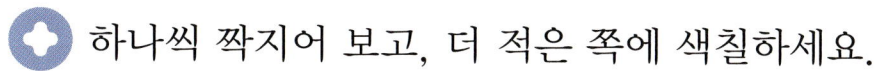

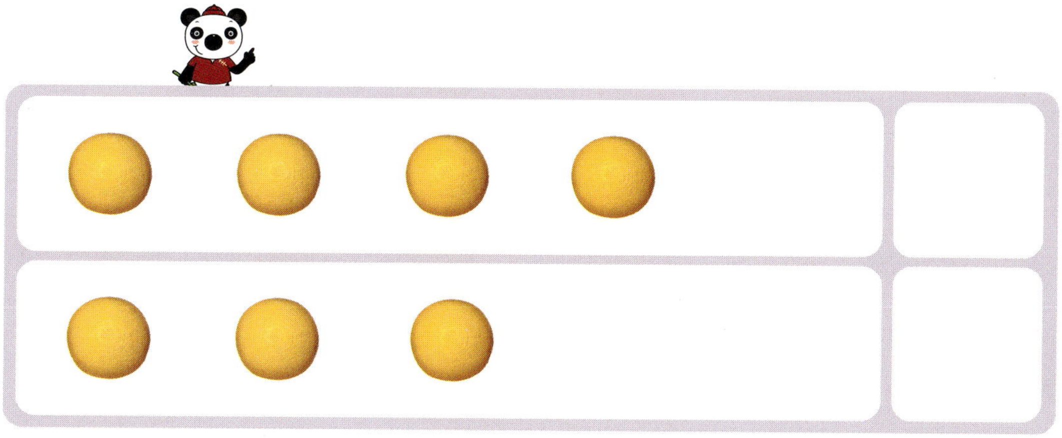

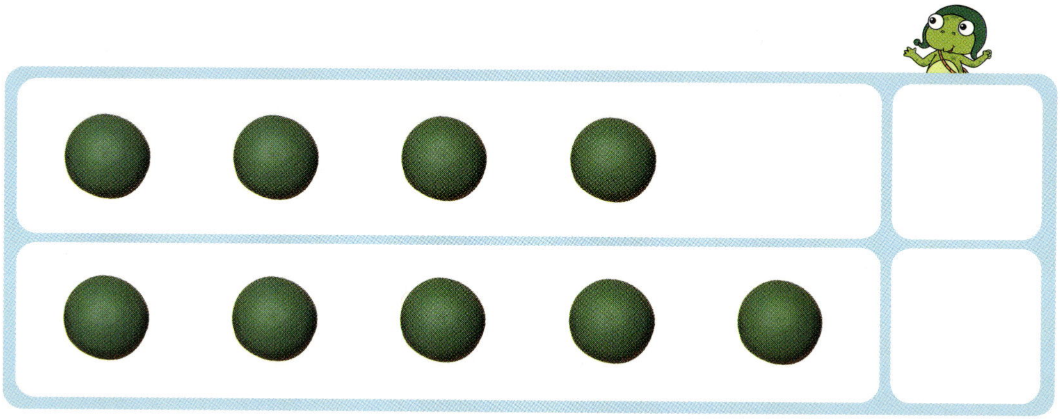

11 차시 일대일 대응, 많다 · 적다

3단계

에 장난감을 오려 붙여 하나씩 짝지으세요.

* 장난감을 오려서 아이 한 명에 장난감 한 개씩 짝지어 보세요.

점선 따라 하나씩 짝지어 보고, 가장 많은 쪽에 ○하세요.

하나씩 짝짓고 마지막으로 남는 쪽이 가장 많은 쪽이야.

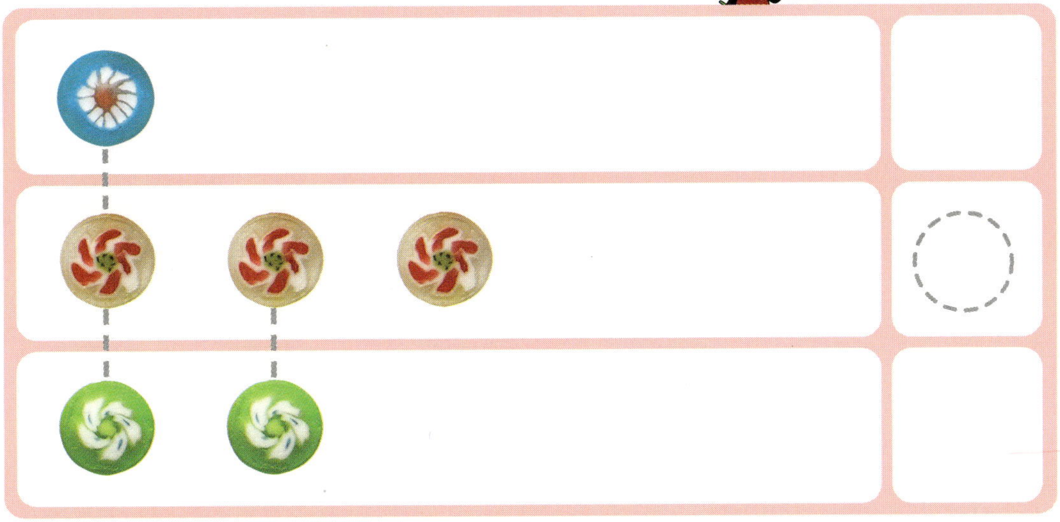

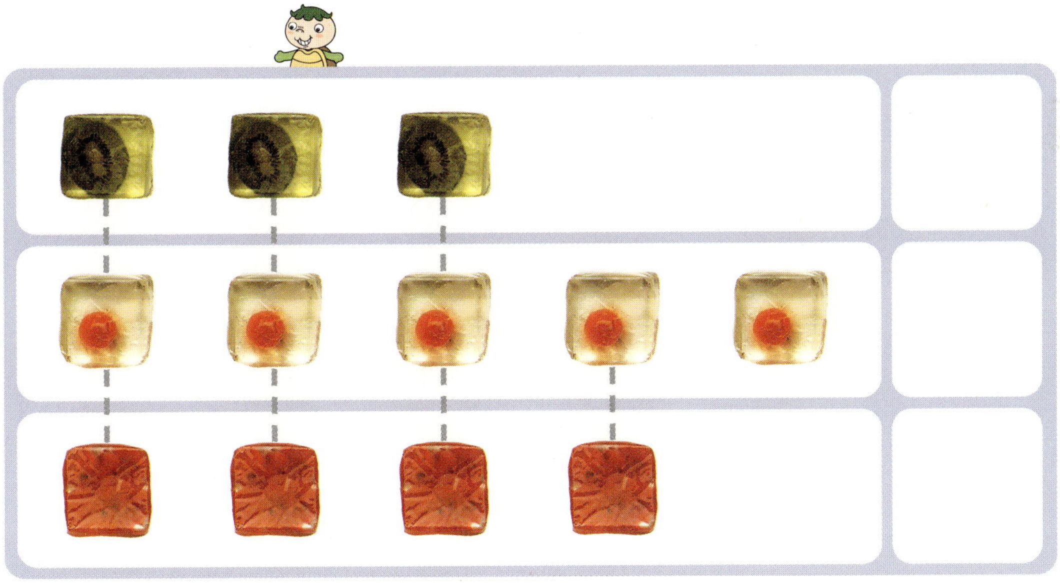

12 차시 일대일 대응, 많다 · 적다

3단계

▨에 공을 오려 붙여 하나씩 짝지으세요.

*공을 오려서 물개 한 마리에 공 하나씩 짝지어 보세요.

점선 따라 하나씩 짝지어 보고, 가장 적은 쪽에 △하세요.

* 하나씩 짝지어서 제일 먼저
모자라는 쪽이 가장 적은 쪽이야.

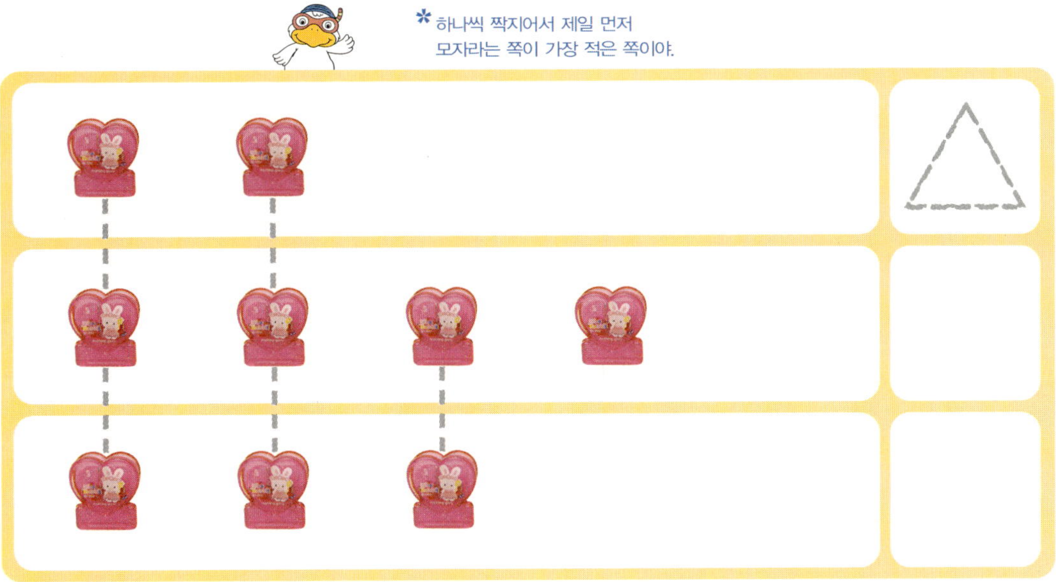

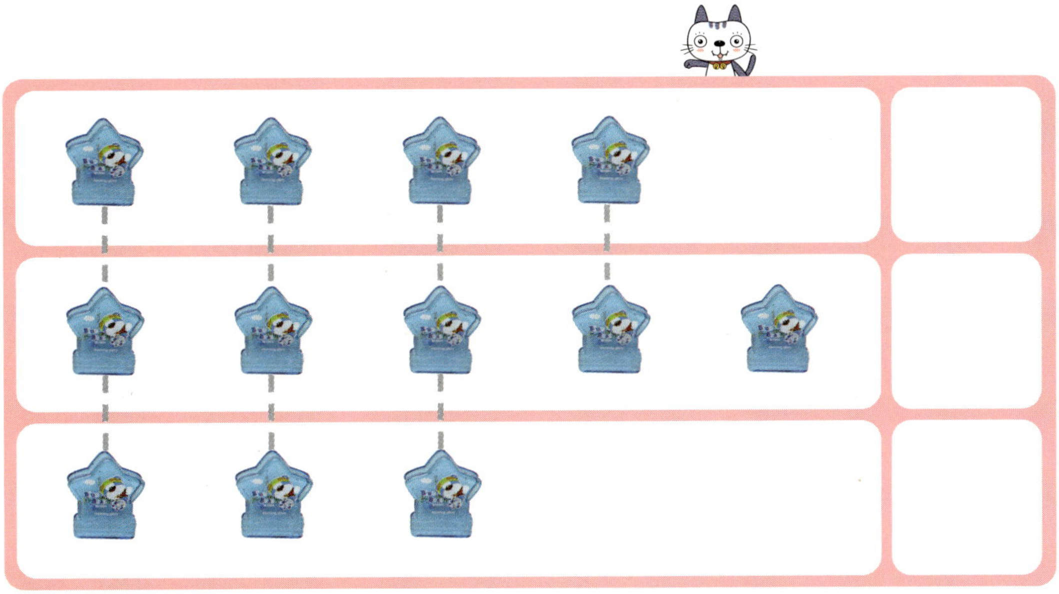

2주 1~5 수 익히기

학습 체크표 매일 학습이 끝나면 채점을 하고 체크표를 작성하여 나의 실력을 알아보세요.

차시	단계	공부한 날	잘 했나요?
13차시	1단계	월 일	☺ ☺ 😑 ☹
14차시	1단계	월 일	☺ ☺ 😑 ☹
15차시	1단계	월 일	☺ ☺ 😑 ☹
16차시	1단계	월 일	☺ ☺ 😑 ☹
17차시	1단계	월 일	☺ ☺ 😑 ☹
18차시	1단계	월 일	☺ ☺ 😑 ☹
19차시	1단계	월 일	☺ ☺ 😑 ☹
20차시	1단계	월 일	☺ ☺ 😑 ☹
21차시	2단계	월 일	☺ ☺ 😑 ☹
22차시	2단계	월 일	☺ ☺ 😑 ☹
23차시	3단계	월 일	☺ ☺ 😑 ☹
24차시	3단계	월 일	☺ ☺ 😑 ☹

틀린 개수가

0~1개이면 ☺(아주 잘함)에, 2~3개이면 ☺(잘함)에,
4~5개이면 😑(보통)에, 6개 이상이면 ☹(노력 바람)에 색칠해 주세요.

만화로 개념 알아보기

학습목표 구체물을 세어 보면서 1부터 5까지 수의 개념을 이해하고, 수를 바르게 읽고 쓸 수 있습니다.

'나처럼 해 봐요'
노래에 맞춰 개수 세기
노래를 불러 봐요.

나처럼 해 봐요,
"이렇게 하나!"

만화로 개념 알아보기

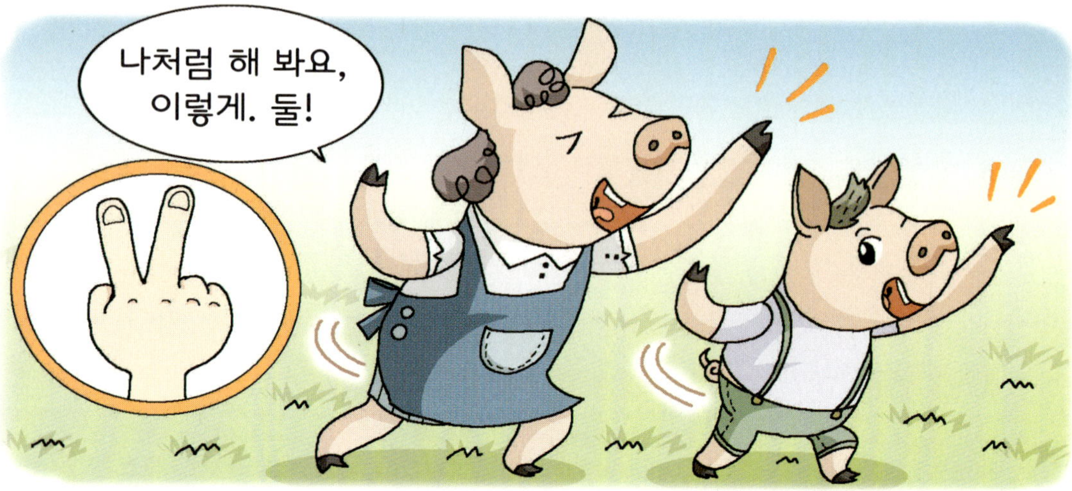
나처럼 해 봐요,
이렇게. 둘!

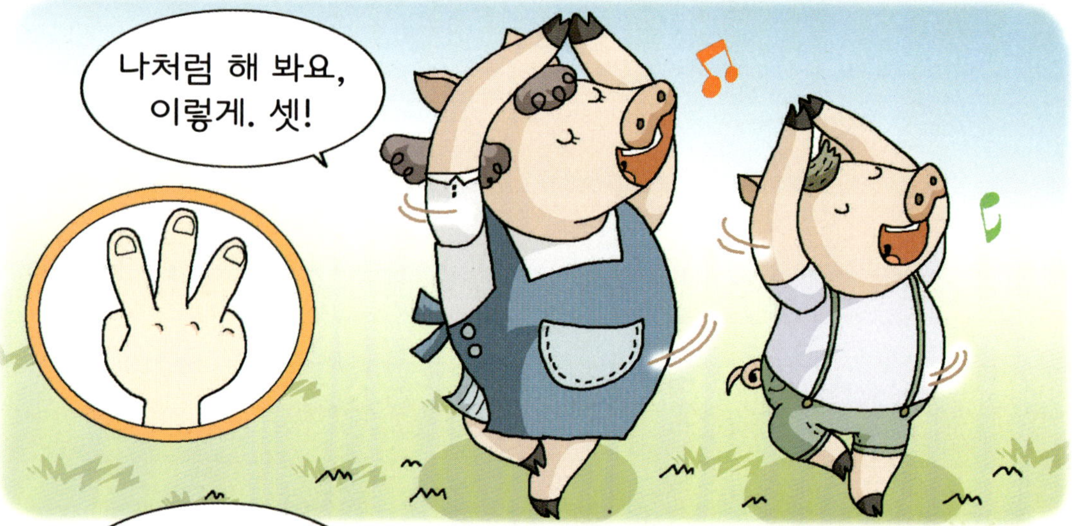
나처럼 해 봐요,
이렇게. 셋!

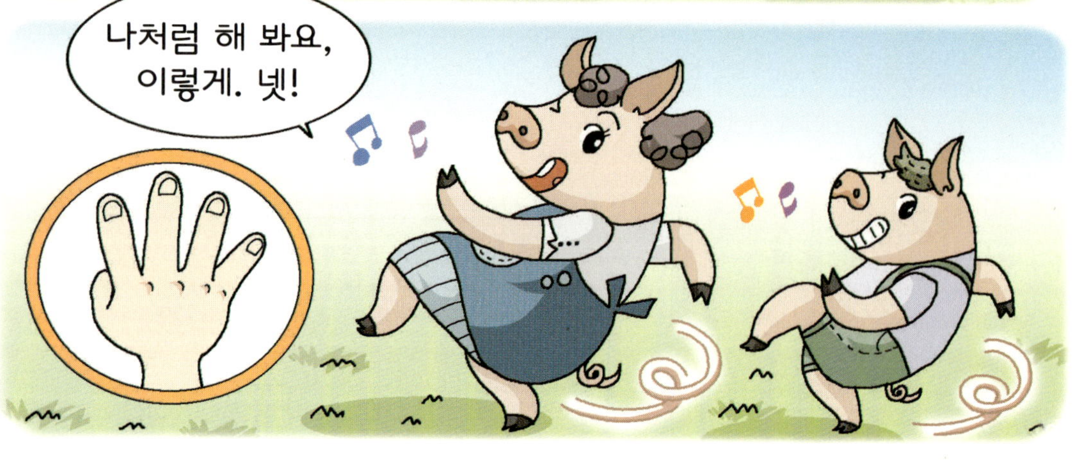
나처럼 해 봐요,
이렇게. 넷!

나처럼 해 봐요,
이렇게. 다섯!

하나, 둘, 셋, 넷
다~섯! 예~

13 차시 1~5 수 익히기

1 단계

개수를 세어 보고, 그 수만큼 색칠하세요.

* '하나' 하고 개수를 세면서 색칠해 봐요.

하나

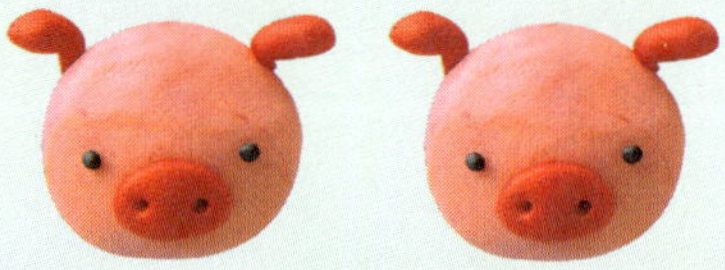

둘

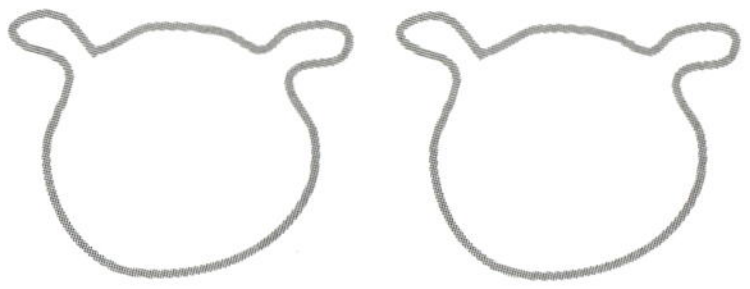

셋

꼭꼭 실제로 숫자를 접하기 전에 아이가 좋아하는 사물들을 '하나, 둘, 셋, ……' 하고 세어 보면서 구체적인 경험을 통하여 수를 이해하도록 합니다.

개수를 세어 보고, 그 수만큼 색칠하세요.

셋

넷

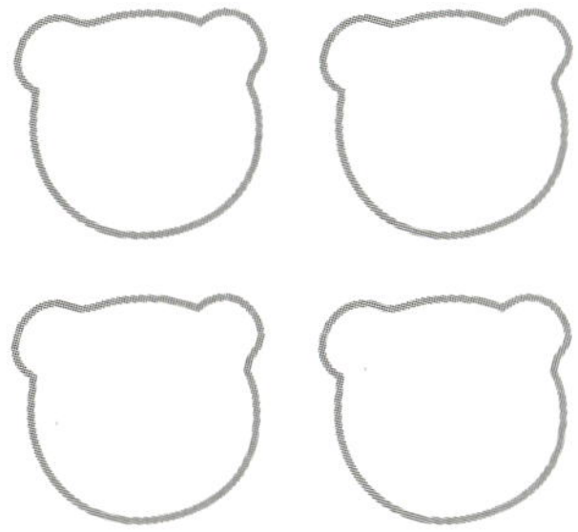

다섯

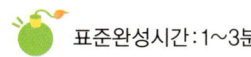

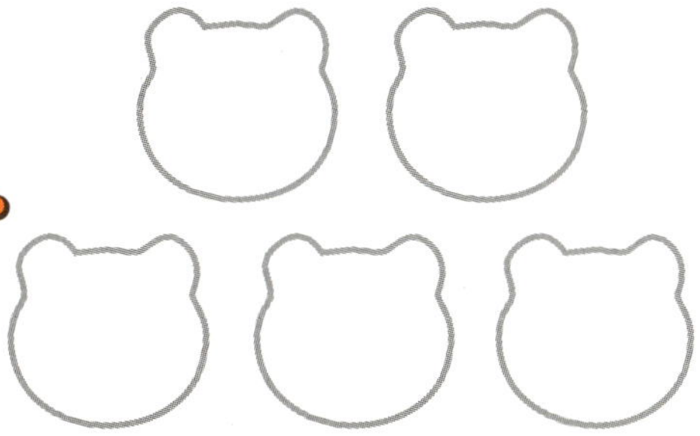

14 차시 1~5 수 익히기

1 단계

개수를 세어 보고, 수를 쓰세요.

숫자 1은 '일'이라고 읽어. 하나를 뜻하는 숫자야.

1 ①

일 · 하나

꼭꼭 숫자 1은 개수 하나를 의미하므로 그림의 개수를 세어 보면서 숫자 1을 쓰도록 합니다.

개수를 세어 보고, 수를 쓰세요.

개수를 셀 때는 '둘'이라고 세고,
숫자를 읽을 때는 '이'라고 읽어야 해.

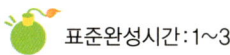

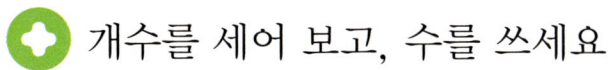

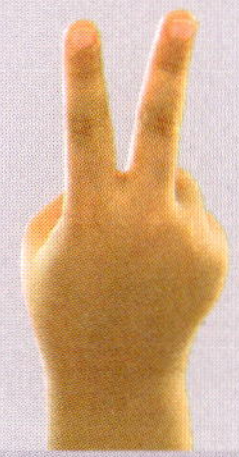

① 2

이 · 둘

2 2

2 2 2

15 차시 1~5 수 익히기

1 단계

개수를 세어 보고, 수를 쓰세요.

3을 '삼 개'라고 말하면 안 돼.
개수를 셀 때는 '세 개'라고 말해야 해.

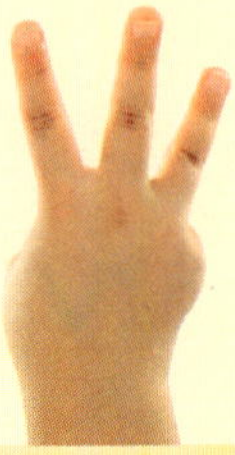

①

3

삼 · 셋

3 3

3 3 3

개수를 세어 보고, 수를 쓰세요.

숫자 4는 '사'라고 읽고, 넷을 뜻하는 숫자야.

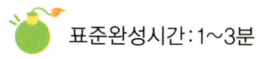

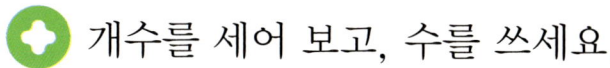

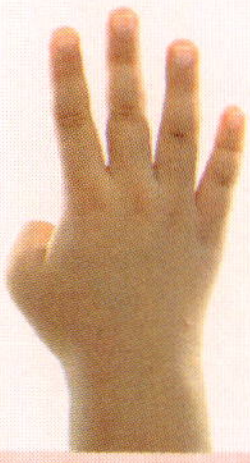

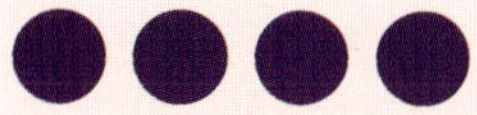

① ②

4

사 · 넷

4 4

4 4 4

꼭꼭 숫자의 이름을 아는 것과 수의 크기를 아는 것은 다르므로 실생활에서 간식이나 장난감의 개수를 세며 수의 크기에 대한 감각을 기르고, 수와 양의 개념을 이해하도록 합니다.

개수를 세어 보고, 수를 쓰세요.

'오'는 숫자의 이름이야.
개수를 셀 때는 '다섯'이라고 해.

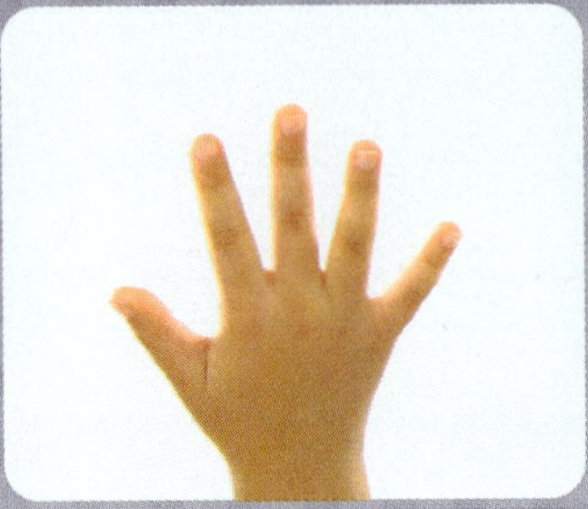

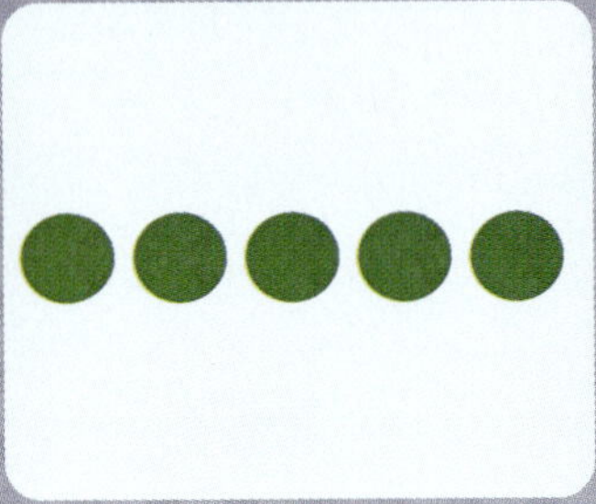

① ② 5 오 · 다섯

5 5

5 5 5

같은 수를 찾아 주어진 색으로 칠하세요.

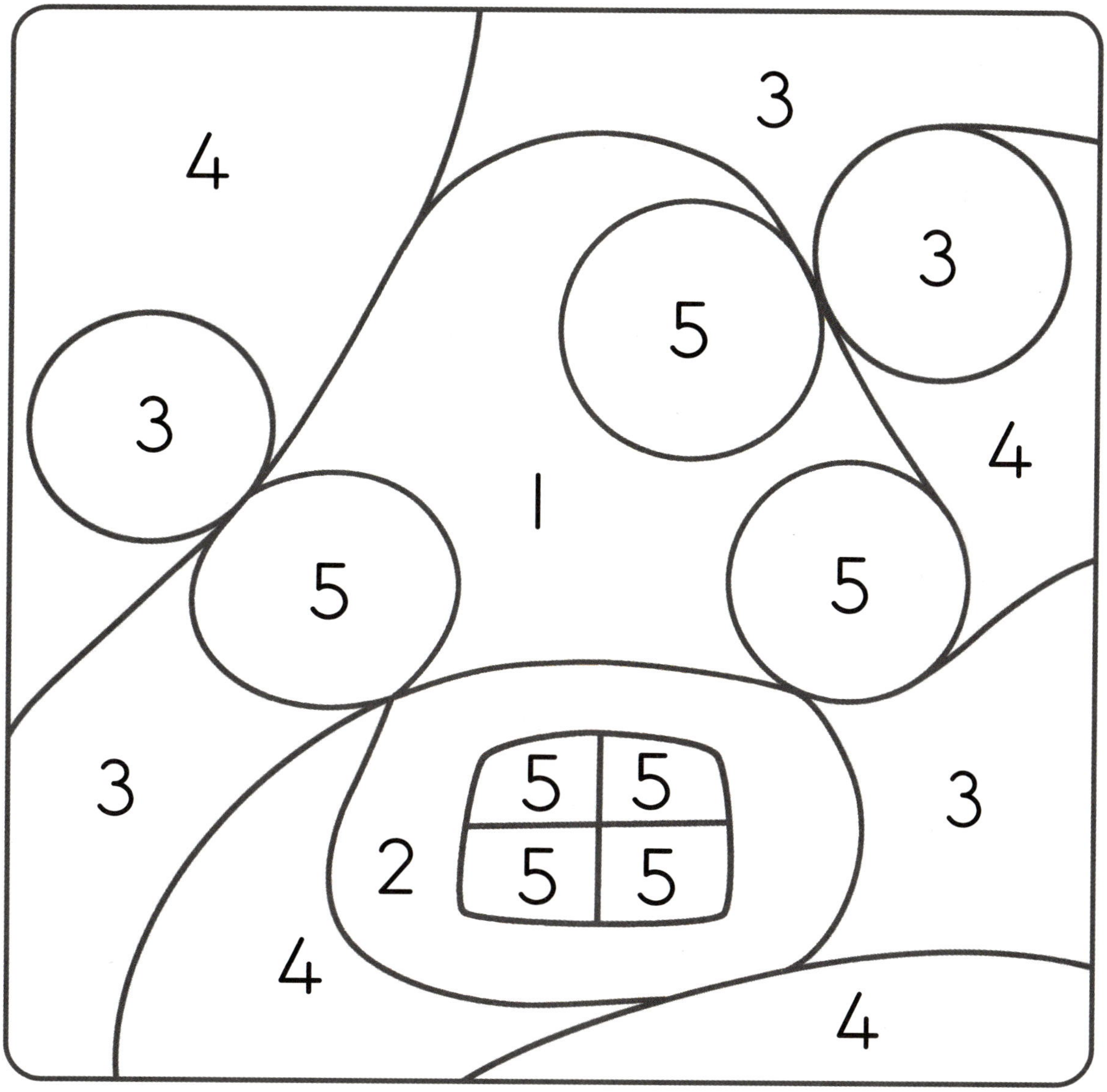

17 차시 1~5 수 익히기

1 단계

수를 따라 쓰고, 그 수만큼 색칠하세요.

1 하나 · 일	1	●
2 둘 · 이	2	○○
3 셋 · 삼	3	○○○
4 넷 · 사	4	○○○○
5 다섯 · 오	5	○○○○○

빈칸에 수를 쓰고, 그 수만큼 묶으세요.

1	1	
2		
3		
4		
5		

꼭꼭 평소에 인형 두 개, 과자 세 개, 책 네 권 등 다양한 사물들의 개수를 세면서 수의 크기에 익숙하게 한 후, 이것을 숫자로 익히게 합니다.

18 차시 1~5 수 익히기

1 단계

개수를 세어 보고, 알맞은 수에 ◯하세요.

수를 차례대로 세어 보면 개수가 하나씩 많아지는 것을 알 수 있어.

	1	2
	2	3
	4	3
	4	5
	3	5

개수를 세어 보고, 알맞은 수에 색칠하세요.

	1	2
	2	3
	2	5
	4	5
	3	4

19 차시 1~5 수 익히기

1 단계

같은 수끼리 줄로 이으세요.

1

2

3

4

5

왼쪽의 수만큼 그림을 묶으세요.

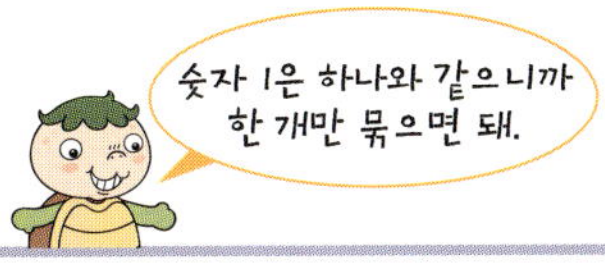

1	
3	
4	
2	
5	

같은 수끼리 짝지은 것에 모두 ○하세요.

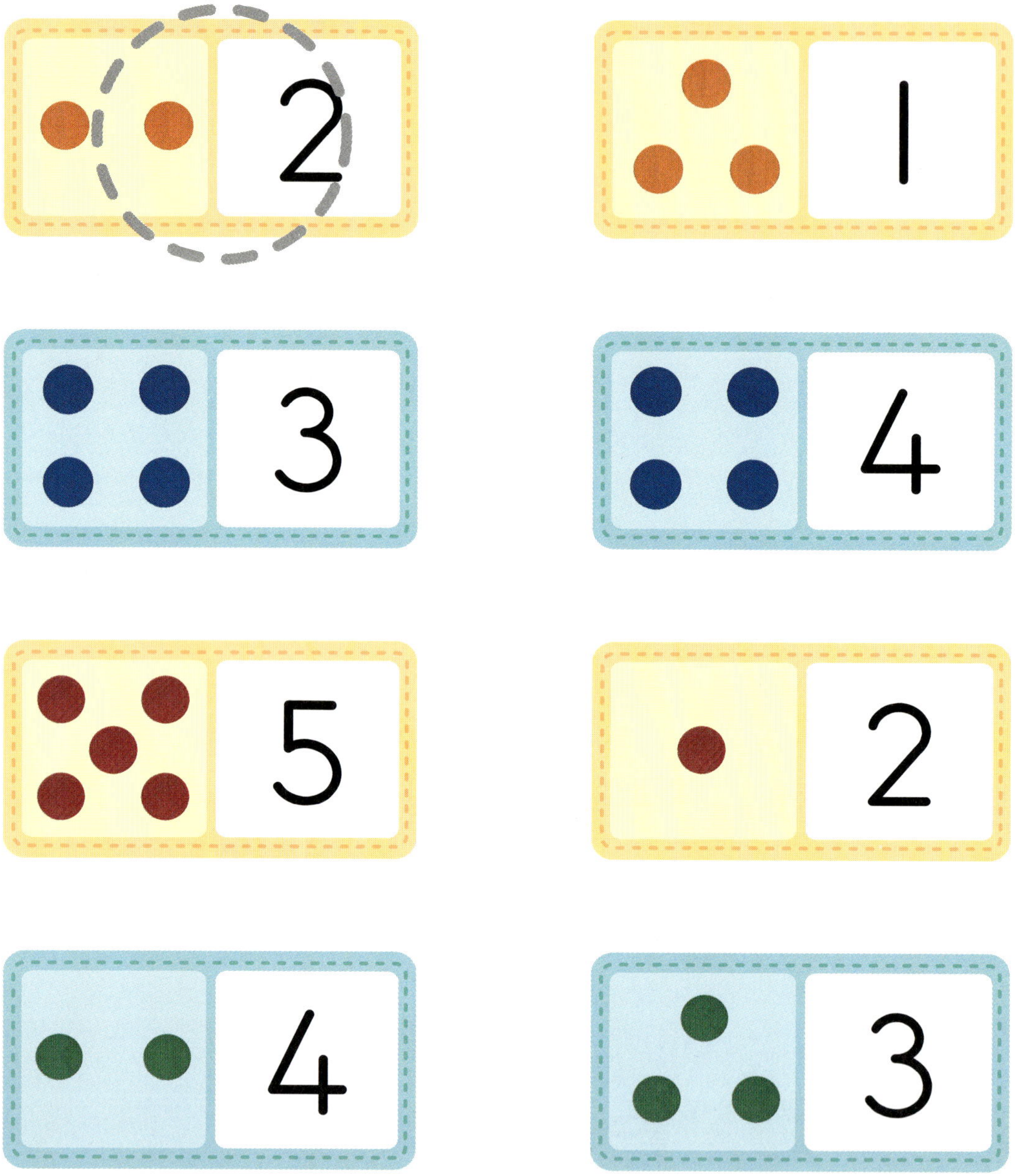

꼭꼭 구체물과 반구체물의 개수를 세면서 다양한 수 세기의 경험을 할 수 있도록 합니다. 예를 들어 인형 2개는 동그라미 2개, 과자 3개는 동그라미 3개와 같다는 것을 알게 합니다.

왼쪽의 수만큼 ○를 그리세요.

숫자 2는 개수로 셀 때 두 개니까 동그라미 두 개를 그리면 돼.

2	○ ○
4	
3	
5	
1	

1~5 수 익히기

빈칸에 알맞은 수를 쓰세요.

1	2	3	4	5

1	2		4	

	2	3		

꼭꼭 '1은 랄랄라 하나이고요, 2는 랄랄라 둘이고요.' 하면서 노래 부르듯이 숫자 이름과 수의 크기를 함께 익히며 빠진 숫자를 쓰게 합니다.

개수를 세어 보고, 빈칸에 알맞은 수를 쓰세요.

하나는 1이고, 둘은 2, 셋은 3이라는 것 잊지 않았지?

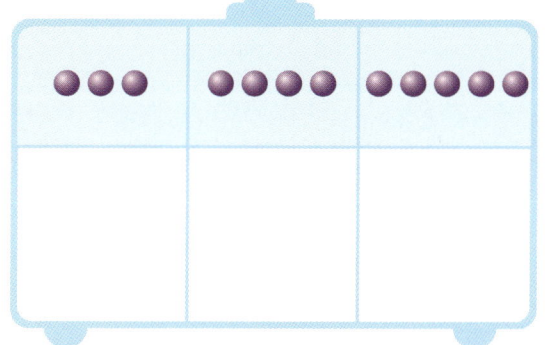

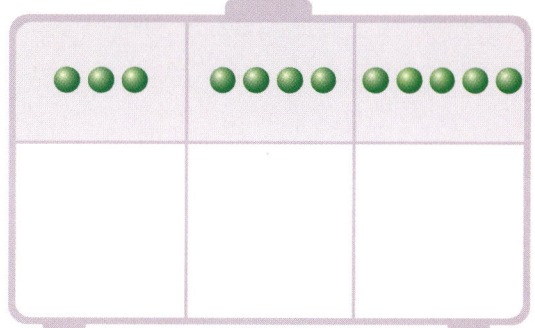

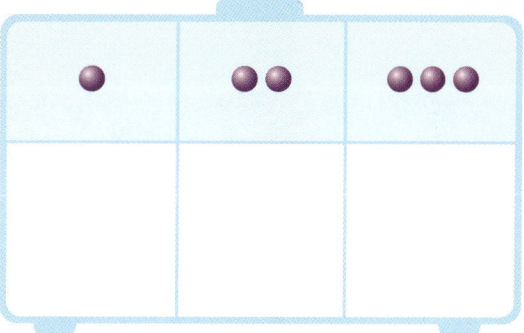

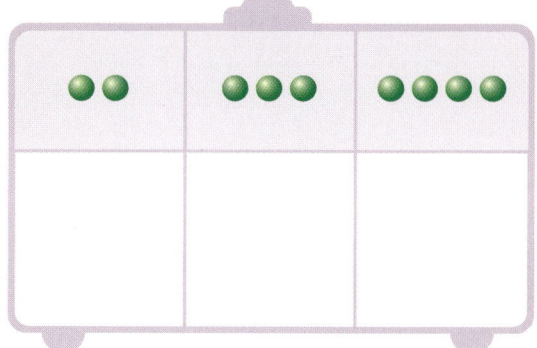

●	●●	●●●
1	2	3

●●	●●●	●●●●

●●●	●●●●	●●●●●

●	●●	●●●

●●	●●●	●●●●

●●●	●●●●	●●●●●

22차시 1~5 수 익히기

2단계

빈칸에 알맞은 수를 쓰세요.

1	2	3	4	5

1		3		

	2		4	

	2			5

1부터 5까지 수를 차례대로 세어 봐.
1
2
3
4
5

빈칸에 알맞은 수를 쓰세요.

1	2		4	

1			4	

		3		5

	2		4	

꼭꼭 아이들은 1, 2, 3을 차례대로 세다가 5로 건너뛰어 세기도 하므로 빈칸에 빠진 수를 쓰면서 1부터 5까지 수의 차례를 반복하여 익히게 합니다.

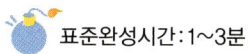

23 차시 1~5 수 익히기

3단계

그림을 보고 각각의 수를 세어 ☐ 안에 쓰세요.

＊같은 그림을 또 세지 않도록 ／로 지우면서 세어 봐.

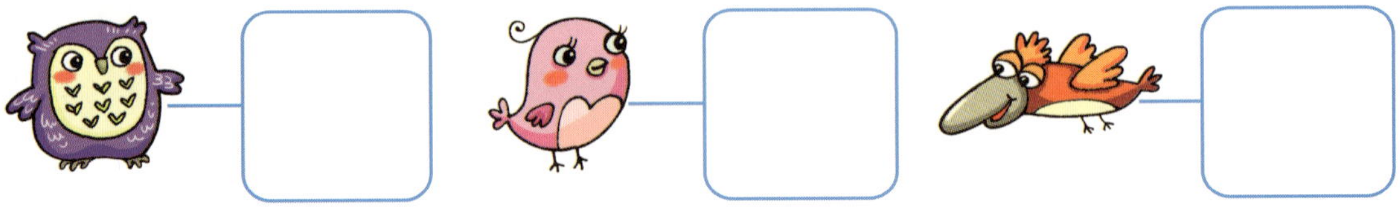

꼭꼭 그림의 개수를 셀 때는 같은 그림을 반복하여 세지 않도록 하나씩 지워가면서 '하나, 둘, 셋, ……' 하며 큰 소리로 수를 세어 보게 합니다.

그림을 보고 각각의 수를 세어 □ 안에 쓰세요.

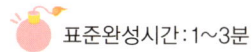

24차시 1~5 수 익히기

하나씩 짝지어 보고, 더 큰 수에 ○하세요.

2

(3)

2

1

1

3

꼭꼭 짝지어 보고 더 많은 수를 찾는 문제는 수의 크기를 비교하는 기초적인 학습 방법입니다. 하나씩 짝지어 남는 쪽이 더 많은 수임을 알게 하고, 수의 크기를 비교해 봅니다.

하나씩 짝지어 보고, 더 작은 수에 △하세요.

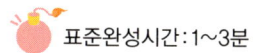

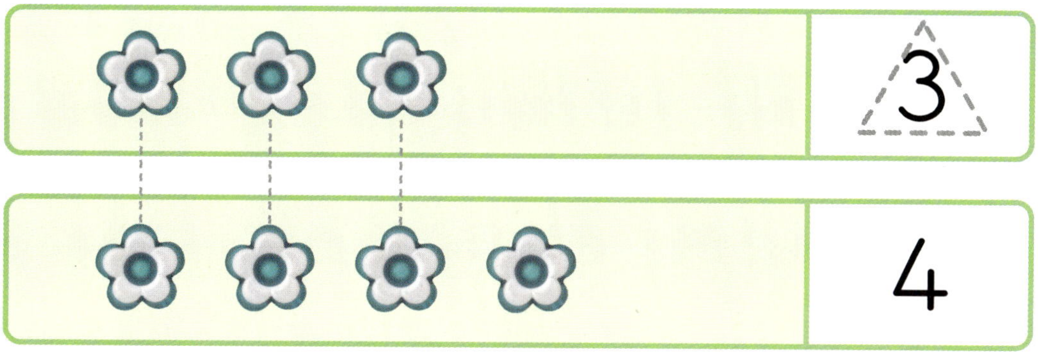

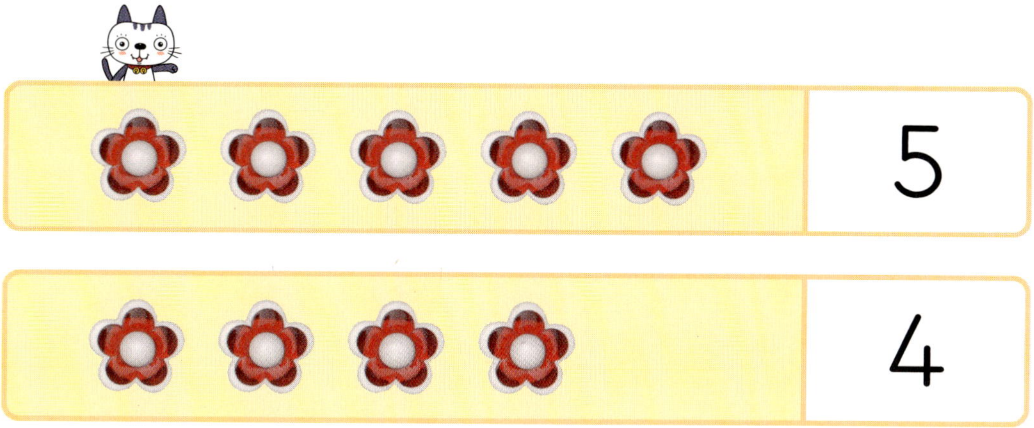

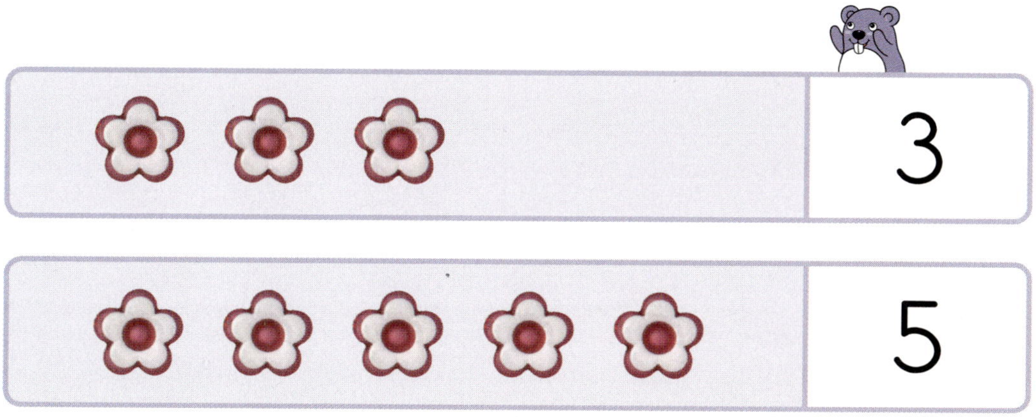

3주 1~5 수 익히기

학습 체크표 매일 학습이 끝나면 채점을 하고 체크표를 작성하여 나의 실력을 알아보세요.

차시	단계	공부한 날	잘 했나요?
25차시	1단계	월 일	
26차시		월 일	
27차시		월 일	
28차시		월 일	
29차시		월 일	
30차시		월 일	
31차시		월 일	
32차시		월 일	
33차시	2단계	월 일	
34차시		월 일	
35차시	3단계	월 일	
36차시		월 일	

틀린 개수가

0~1 개이면 (아주 잘함)에, 2~3 개이면 (잘함)에,
4~5 개이면 (보통)에, 6 개 이상이면 (노력 바람)에 색칠해 주세요.

만화로 개념 알아보기

학습목표 1~5 수를 바르게 읽고 쓰며, 수 개념과 순서성을 이해하고 수와 양의 대소를 비교할 수 있습니다.

엄마,
사탕 주세요.
밥 먹어야 해서
안 돼!
음~
그래,
어떤 수가 나올까?
그럼, 수만큼
물건 가져오기
놀이 해요.

3주

만화로 개념 알아보기

3주

개수를 세어 보고, 알맞은 수에 ○하세요.

하나는 숫자로 쓸 때 1이라고 쓴단다.

1 2 3

1 2 3

2 3 4

2 3 4

3 4 5

꼭꼭 단순히 수만 잘 센다고 수의 크기를 알고 있는 것은 아닙니다. '하나'는 숫자로 쓸 때 '1'이라고 쓰고, '둘'은 '2'라고 쓴다는 것을 알게 합니다.

개수를 세어 보고, 알맞은 수에 색칠하세요.

1 2 3

1 2 3

2 3 4

2 3 4

3 4 5

왼쪽의 수만큼 그림을 묶으세요.

2
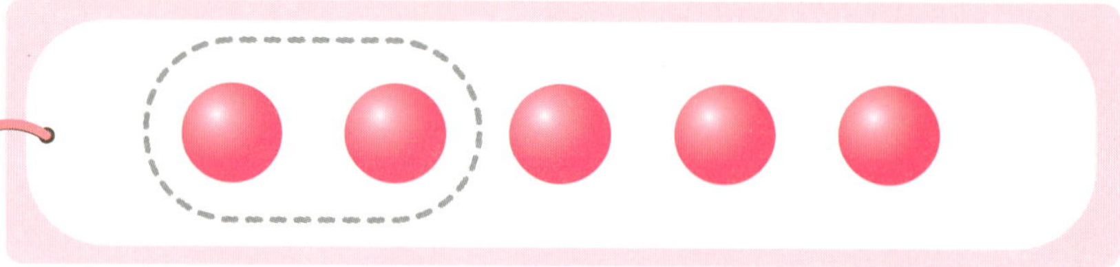

4

1
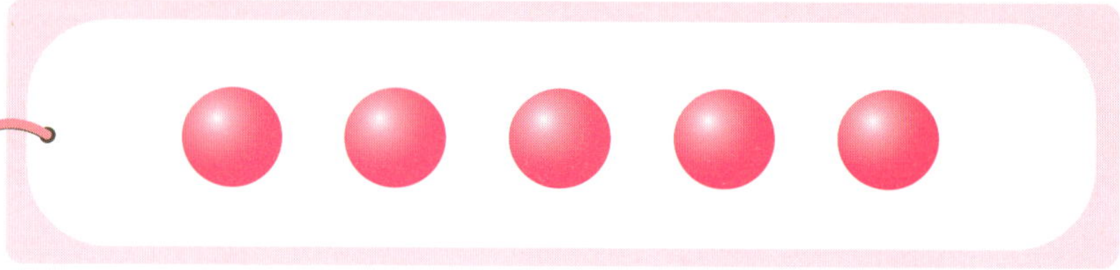

3

5
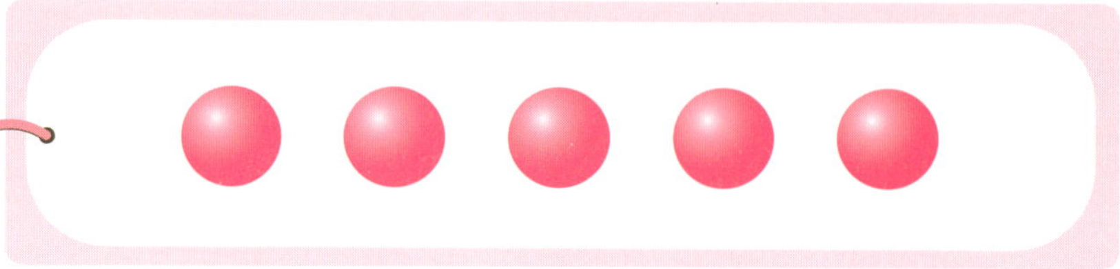

왼쪽의 수만큼 ○를 그리세요.

2는 둘이니까 동그라미를 몇 개 그리면 될까?
하나, 둘, ……하고 세면서 그 수만큼 그리면 돼.

2

3

5

1

4

27 차시 1~5 수 익히기

개수를 세어 보고, □ 안에 알맞은 수를 쓰세요.

 □

 □

 □

 □

 □

 □

 □

 □

 □

 □

꼭 꼭 아이는 개수를 '하나, 둘, 셋' 하고 세고는 두 개라고 말하는 경우가 있습니다. 마지막에 센 수가 셋이니까 모두 세 개이고, 셋은 3과 같다는 것을 알게 합니다.

개수를 세어 보고, □ 안에 알맞은 수를 쓰세요.

28 차시 1~5 수 익히기

1 단계

개수를 세어 보고, □ 안에 알맞은 수를 쓰세요.

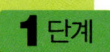

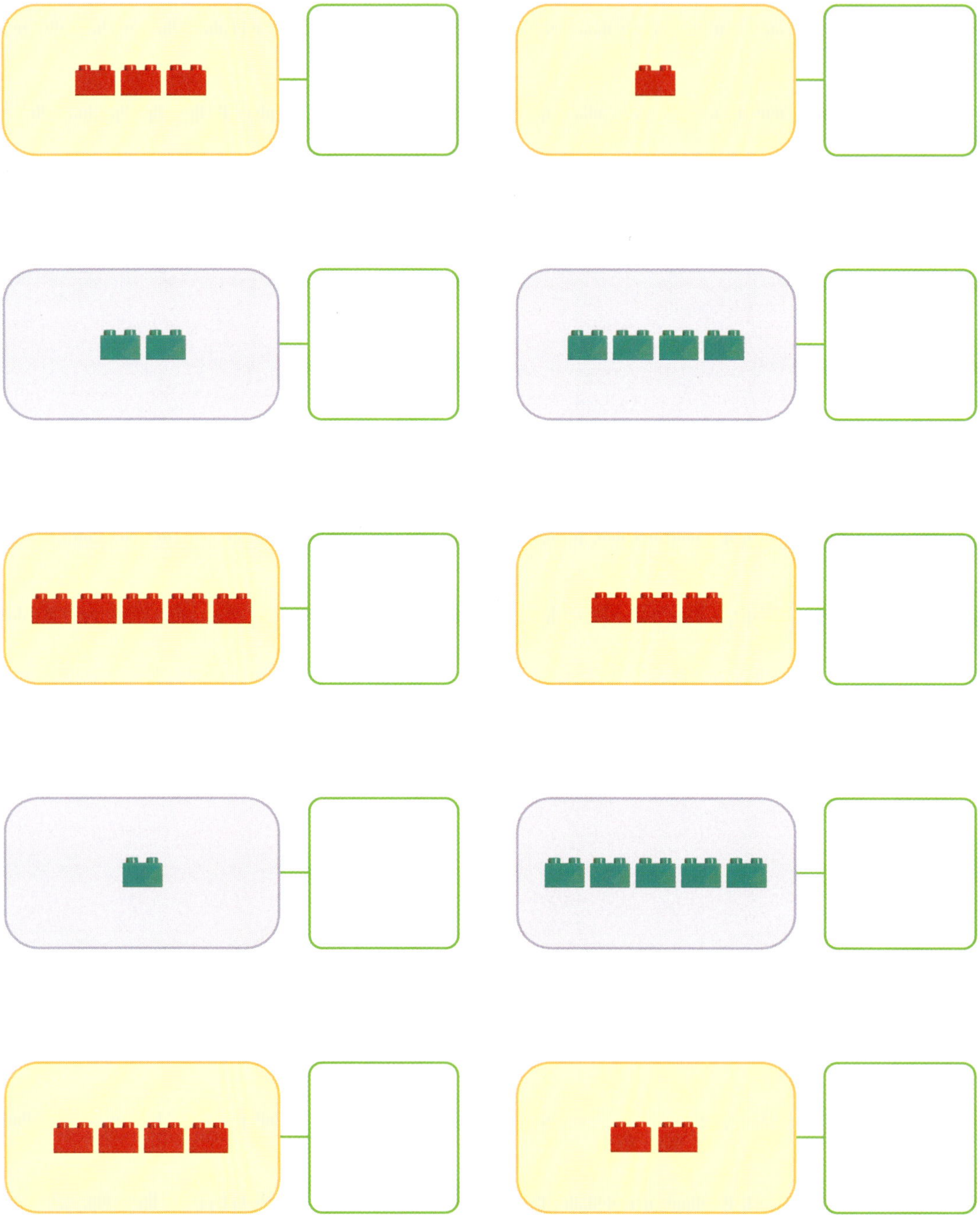

개수를 세어 보고, □ 안에 알맞은 수를 쓰세요.

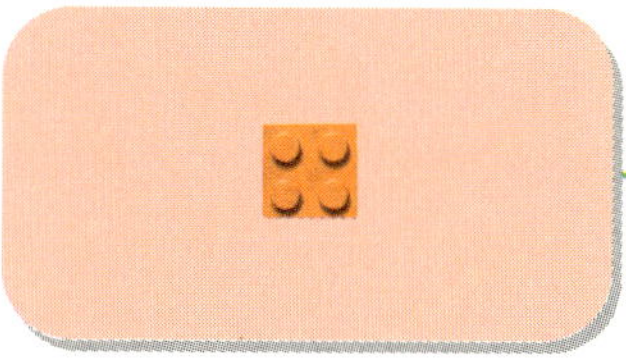

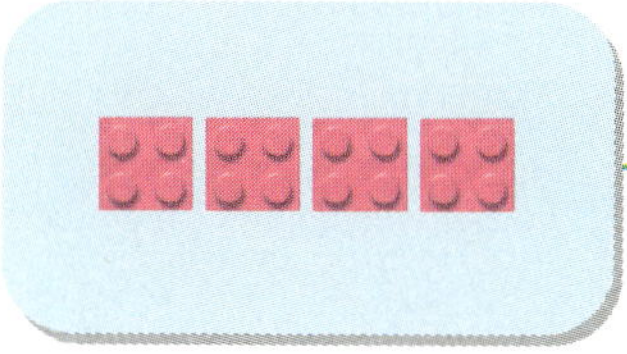

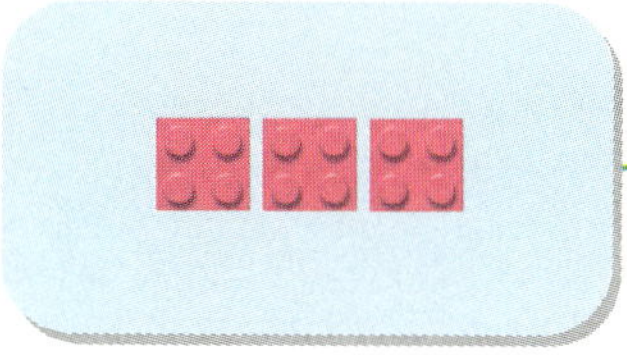

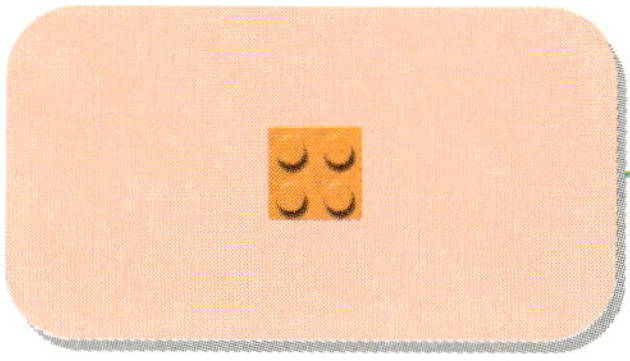

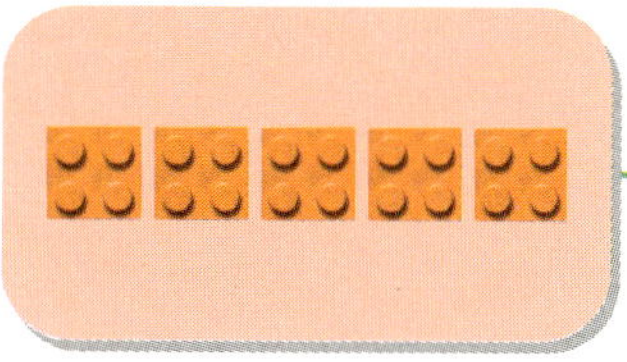

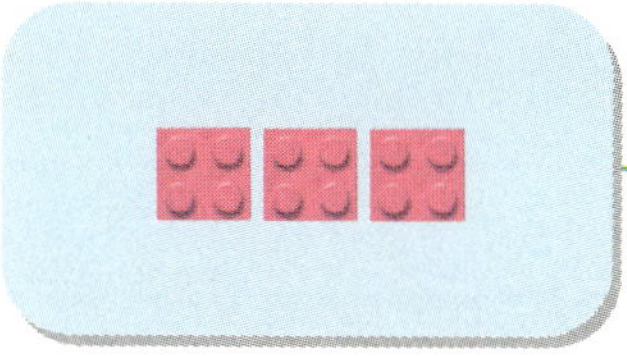

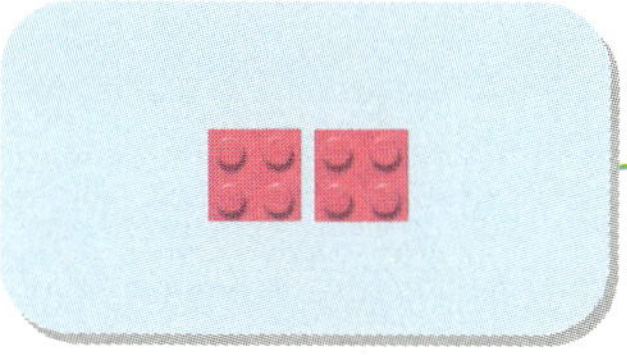

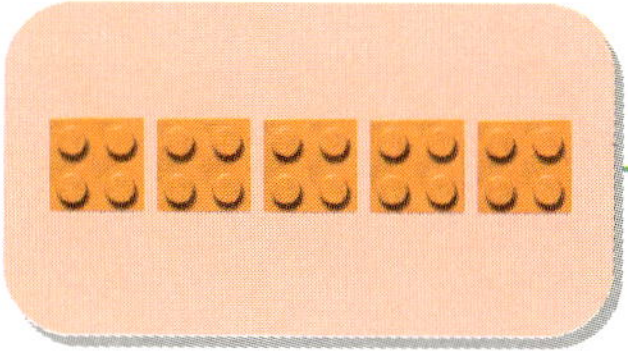

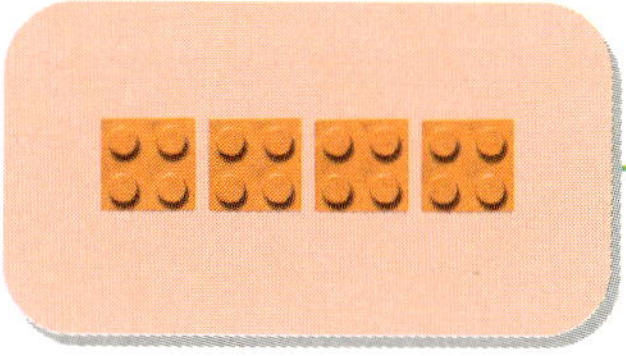

29 차시 1~5 수 익히기

1 단계

개수를 세어 보고, □ 안에 알맞은 수를 쓰세요.

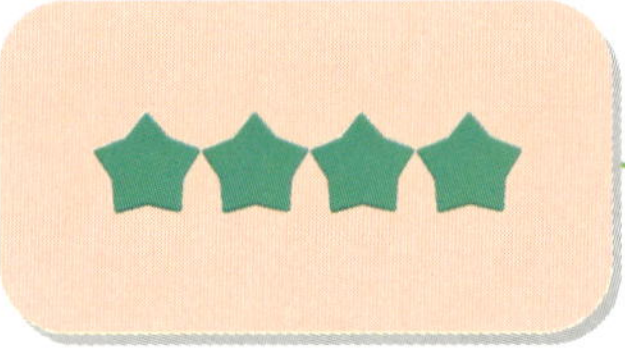

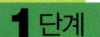

꼭꼭 구체물로 수 세기를 하다가 반구체물로 수 세기를 하는 단계로 넘어갑니다. 수를 건너뛰어 세지 않도록 수의 차례를 익히게 합니다.

같은 수를 찾아 주어진 색으로 칠하세요.

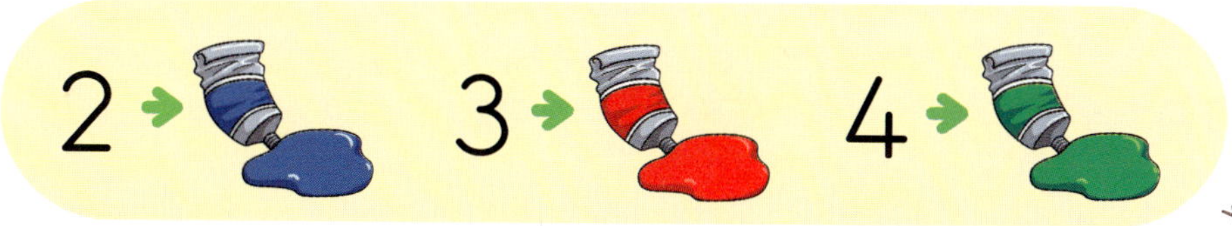

1은 동그라미 한 개와 같고,
2는 두 개와 같은 수란다.

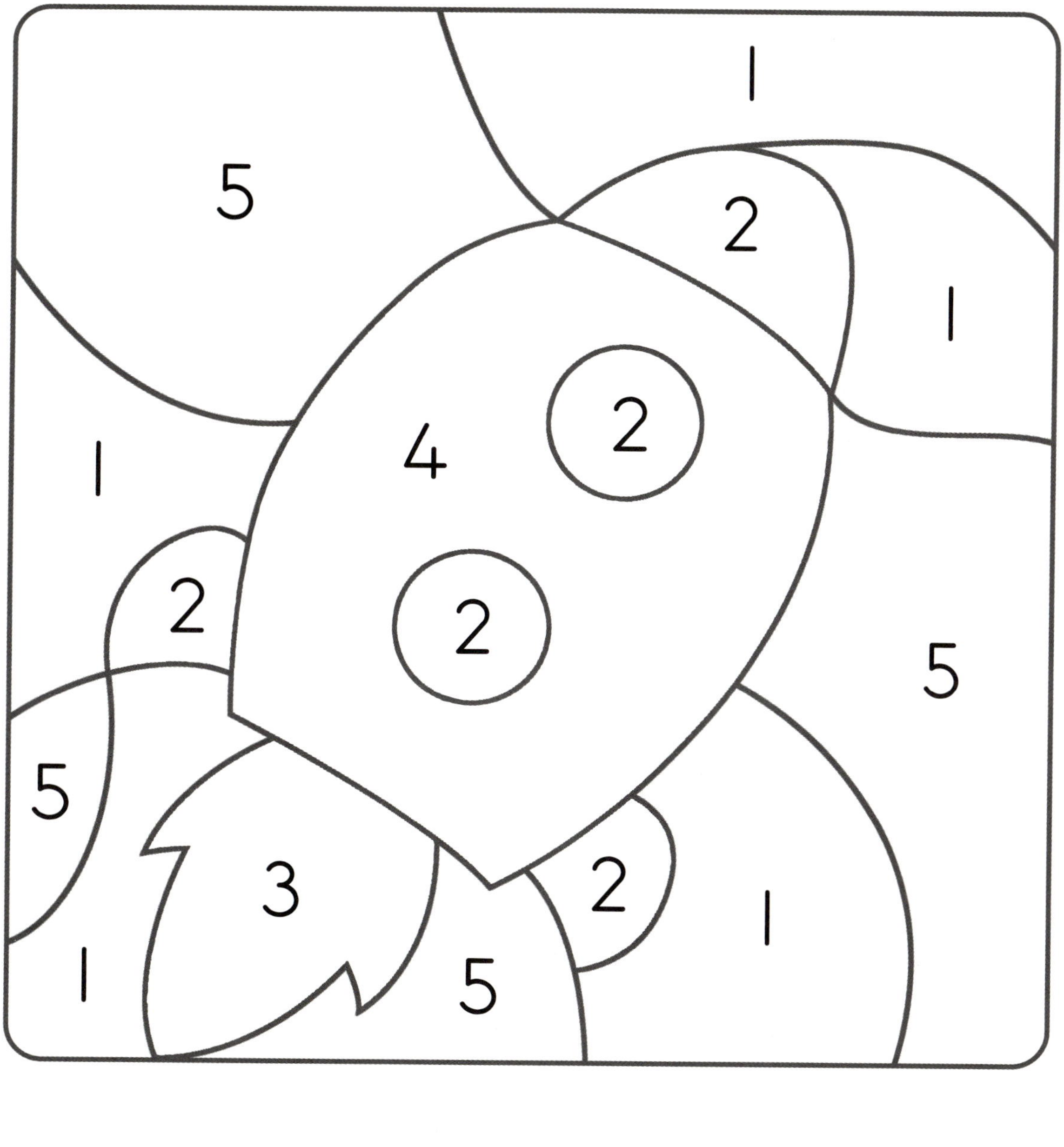

1~5 수 익히기

개수를 세어 보고, □ 안에 알맞은 수를 쓰세요.

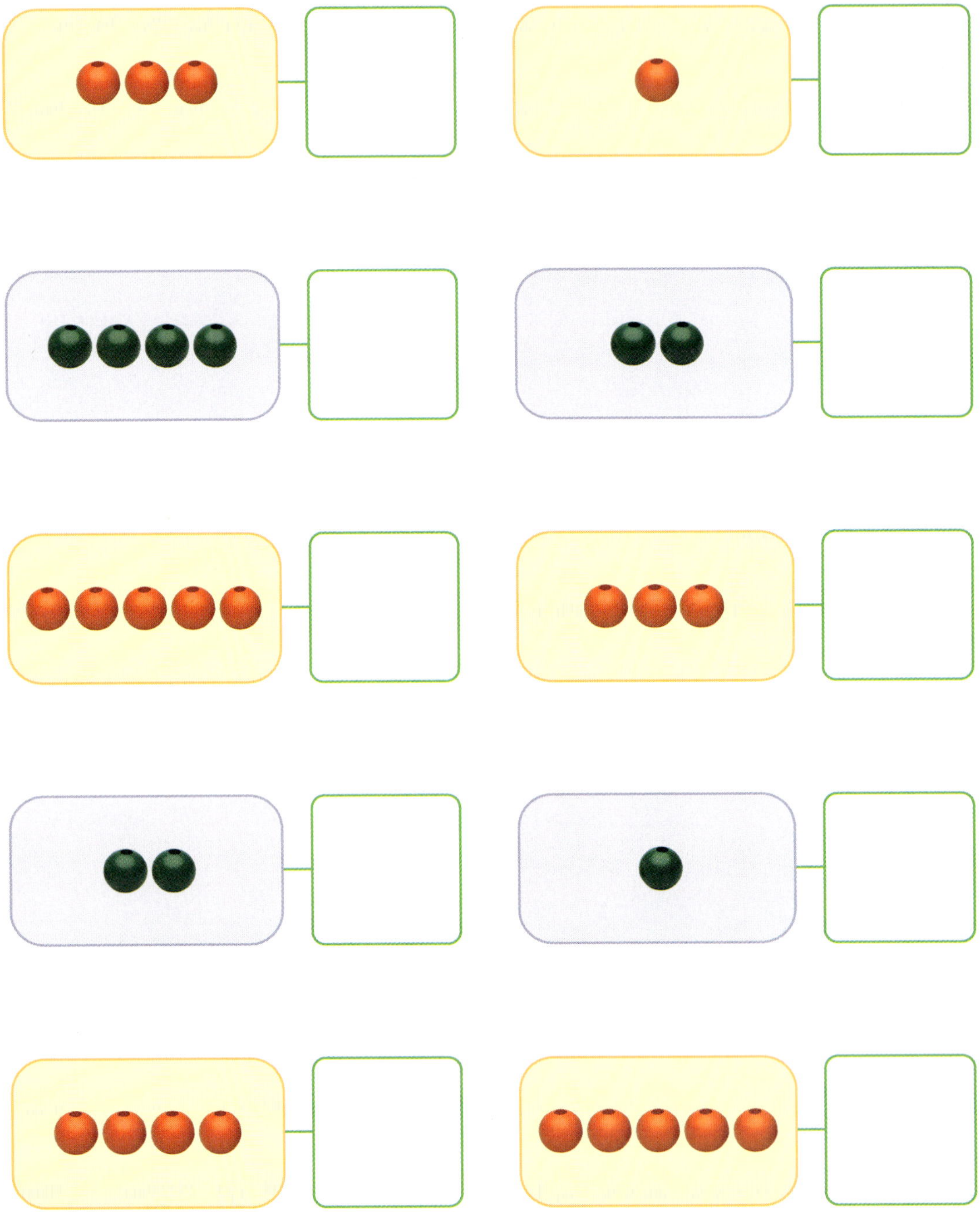

개수를 세어 보고, □ 안에 알맞은 수를 쓰세요.

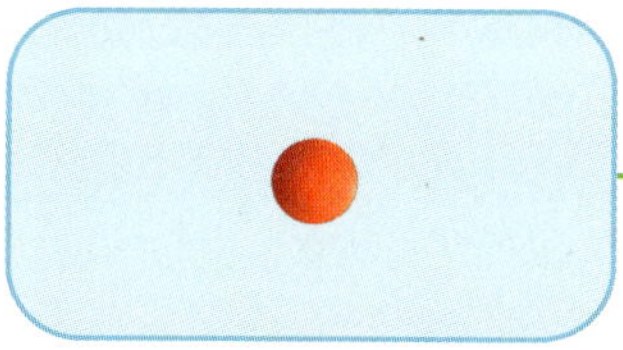 □

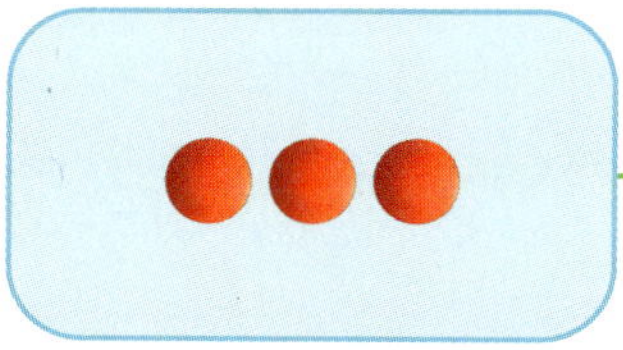 □

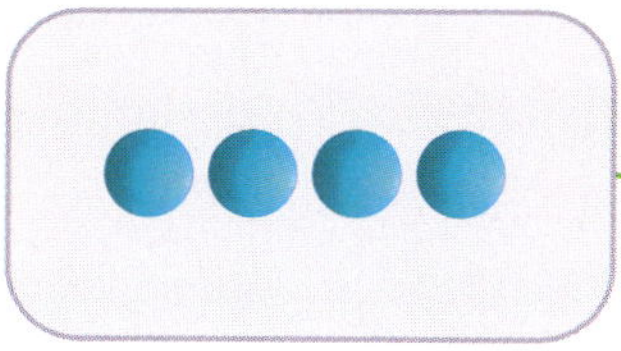 □

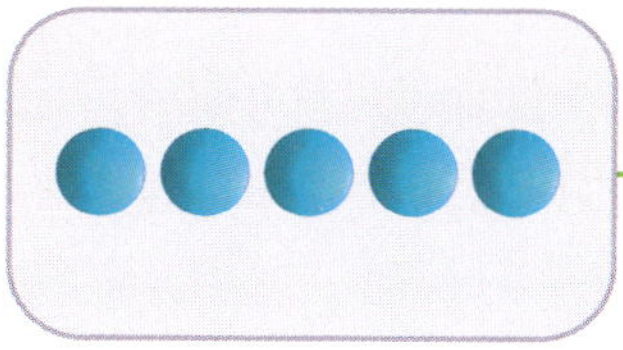 □

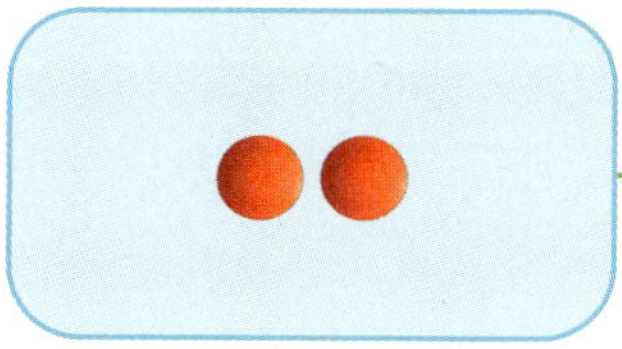 □

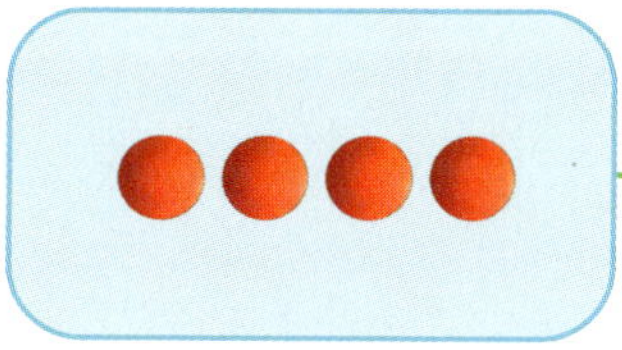 □

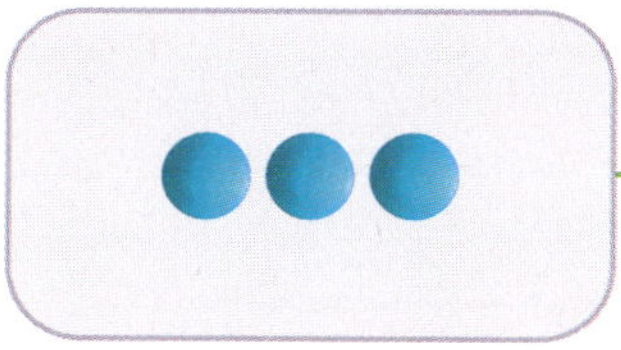 □

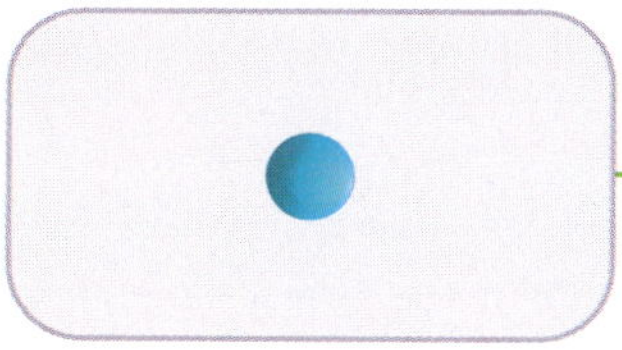 □

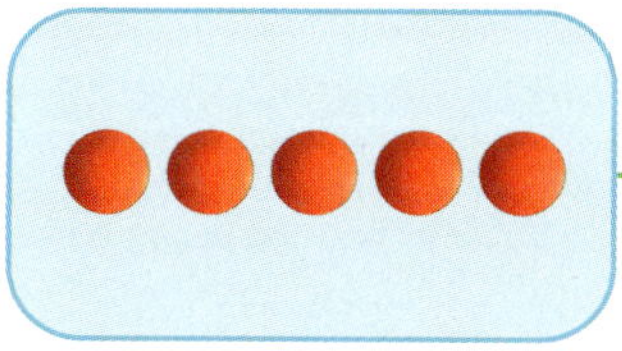 □

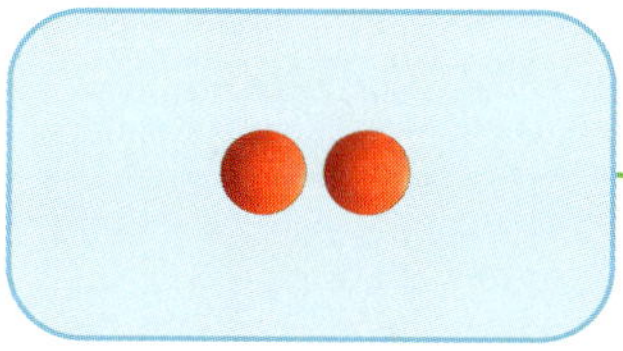 □

31 차시 1~5 수 익히기

1단계

개수를 세어 보고, 빈칸에 알맞은 수를 쓰세요.

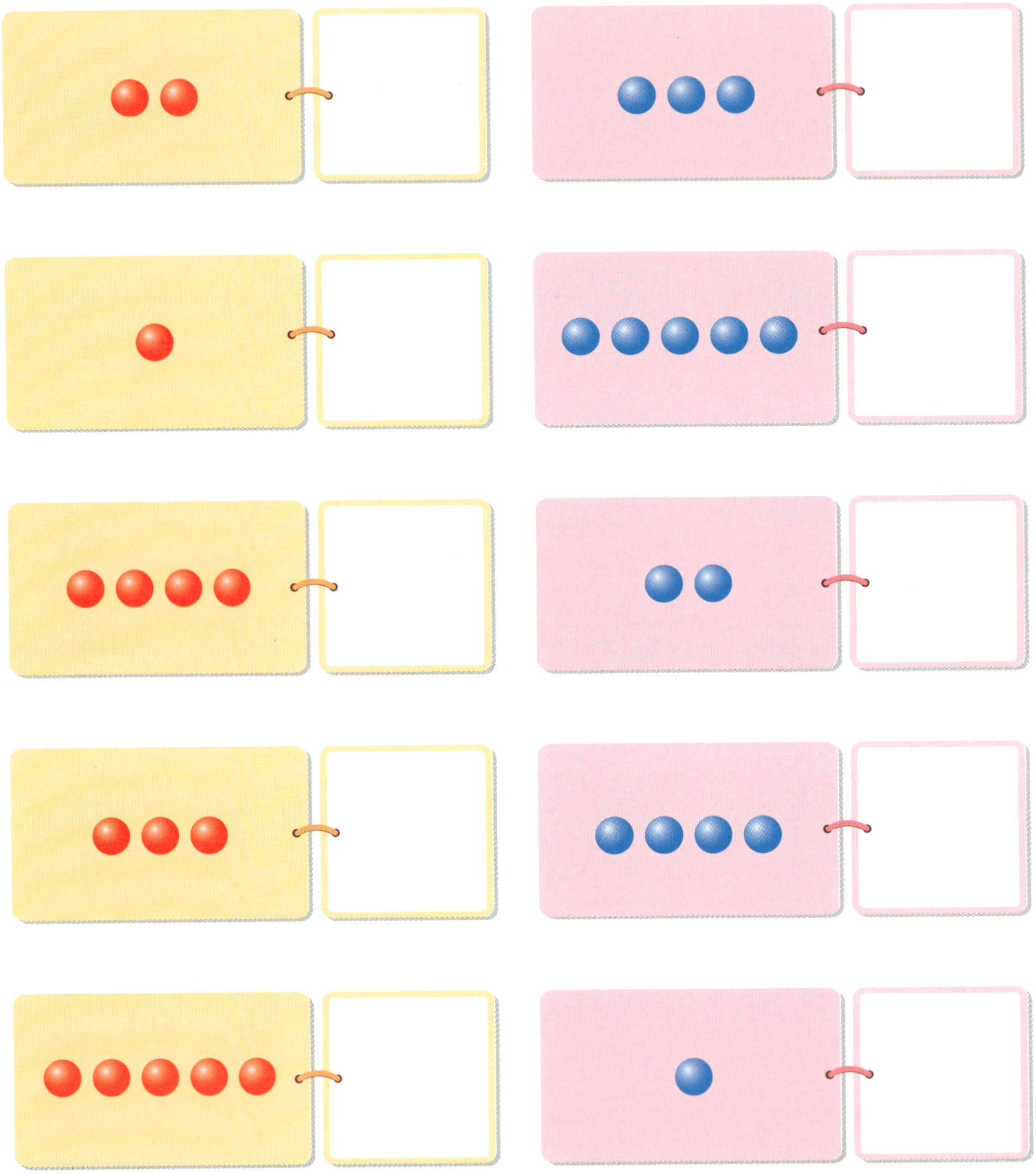

꼭꼭 아이는 나열되어 있는 구체물이나 물건을 보면 수 세기를 하려고 합니다. 수를 잘못 셀 때에는 '하나, 둘, 셋이니까 사탕이 3개구나.' 하며 바로 고쳐서 알려 줍니다.

개수를 세어 보고, 빈칸에 알맞은 수를 쓰세요.

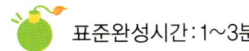

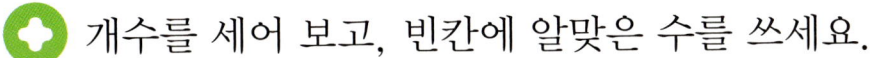

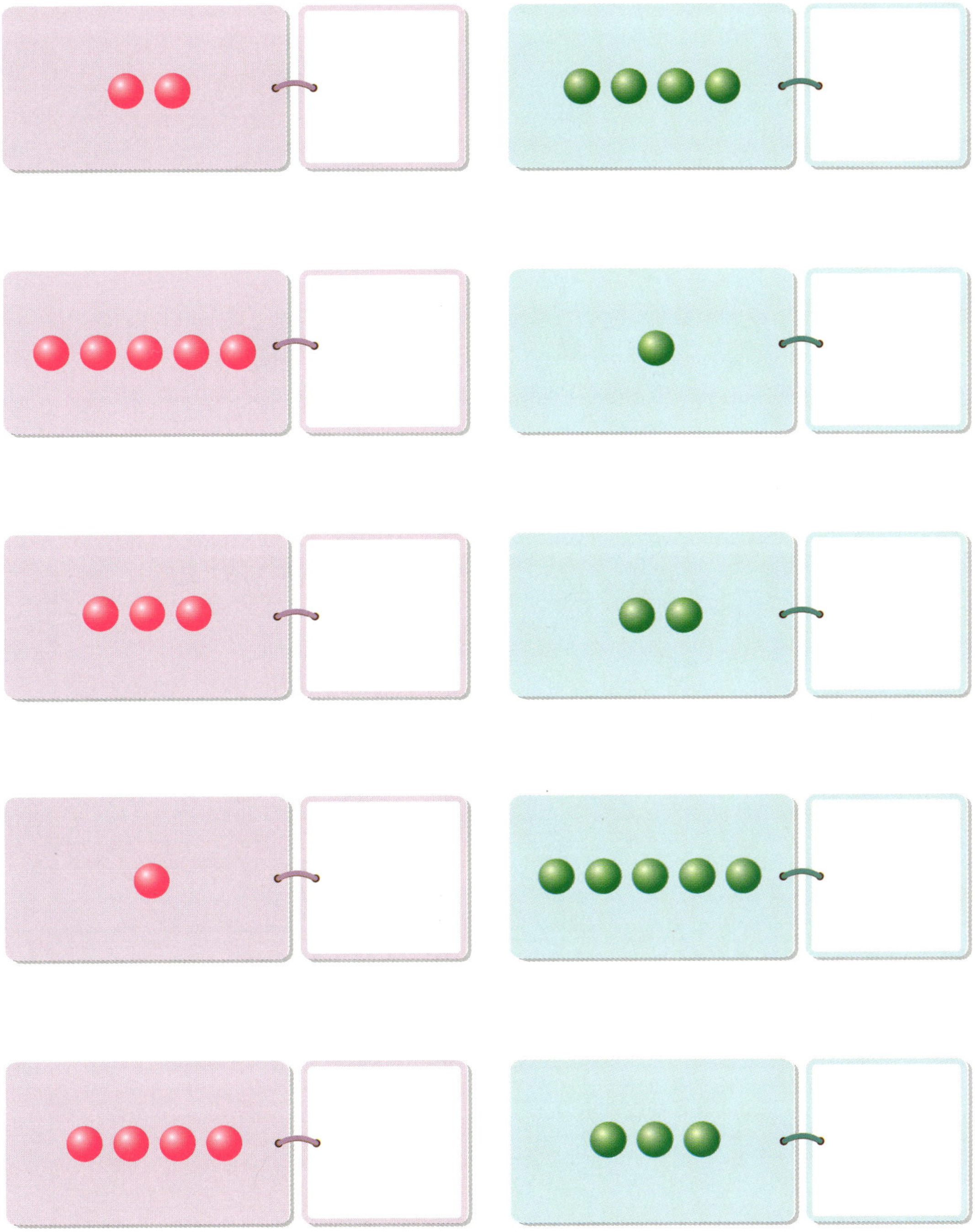

1~5 수 익히기

개수를 세어 보고, 빈칸에 알맞은 수를 쓰세요.

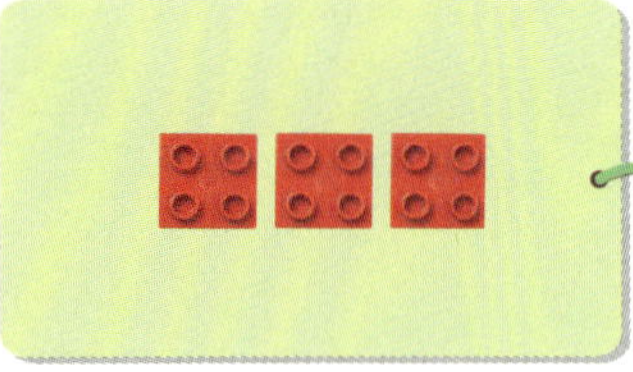

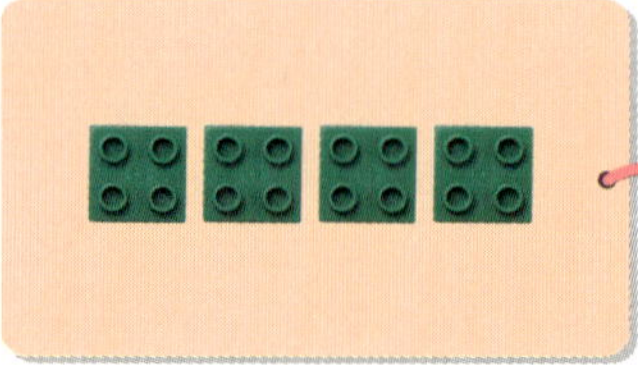

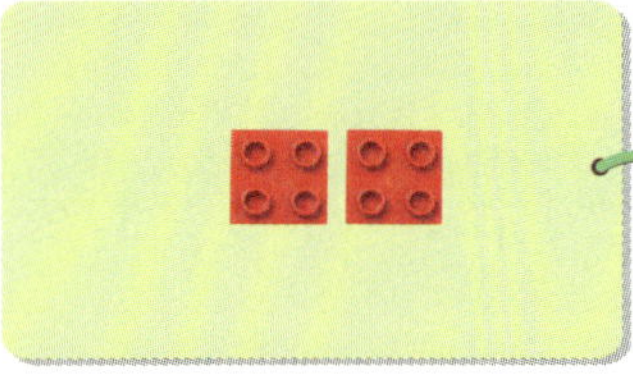

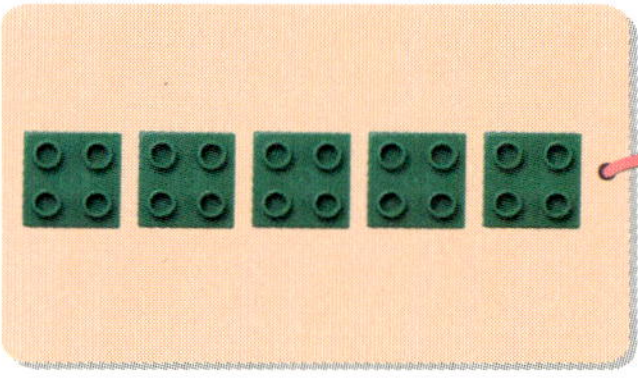

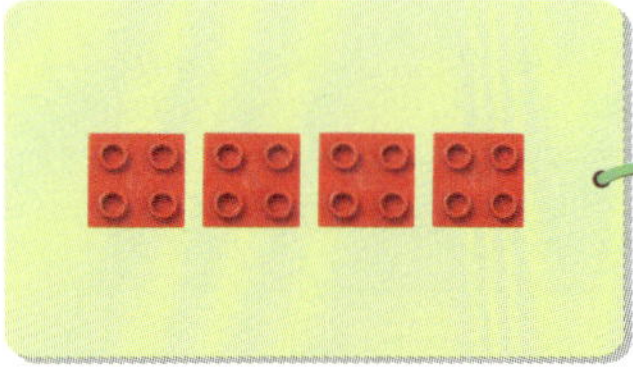

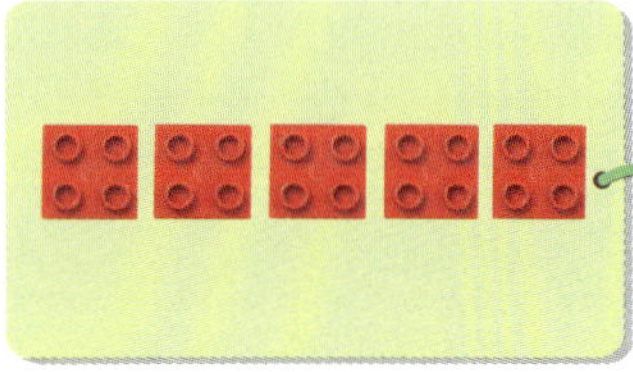

같은 수끼리 줄로 이으세요.

1 ·

2 ·

3 ·

4 ·

5 ·

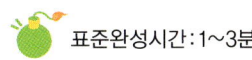

33 차시 1~5 수 익히기

2단계

빈칸에 알맞은 수를 쓰세요.

1	2	3	4	5

	2	3		5

	2			5

1			4	

꼭꼭 단순히 수를 줄줄 암기하듯이 말하기보다는 1, 2, 3, 4, 5를 수의 차례대로 세면서 숫자 1은 하나, 숫자 2는 둘을 의미한다는 수·양 개념을 이해하며 수 세기를 하게 합니다.

빈칸에 알맞은 수를 쓰세요.

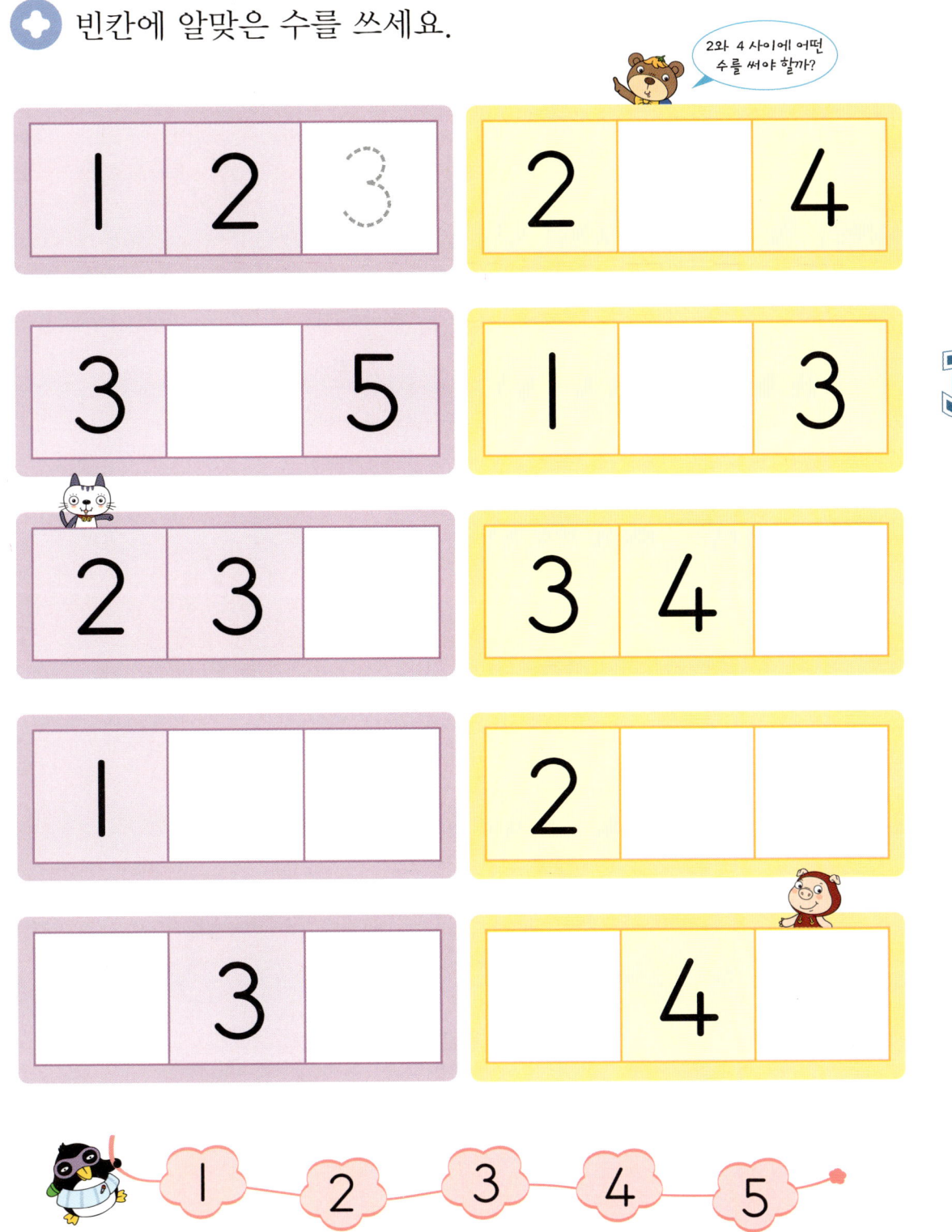

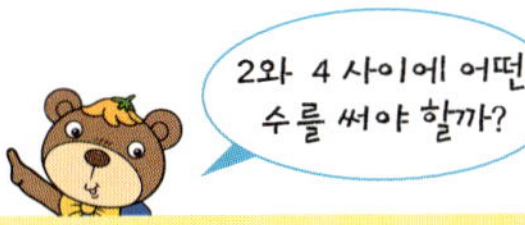
2와 4 사이에 어떤
수를 써야 할까?

1	2	3

2		4

3		5

1		3

2	3	

3	4	

1		

2		

	3	

	4	

1 2 3 4 5

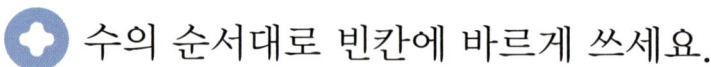

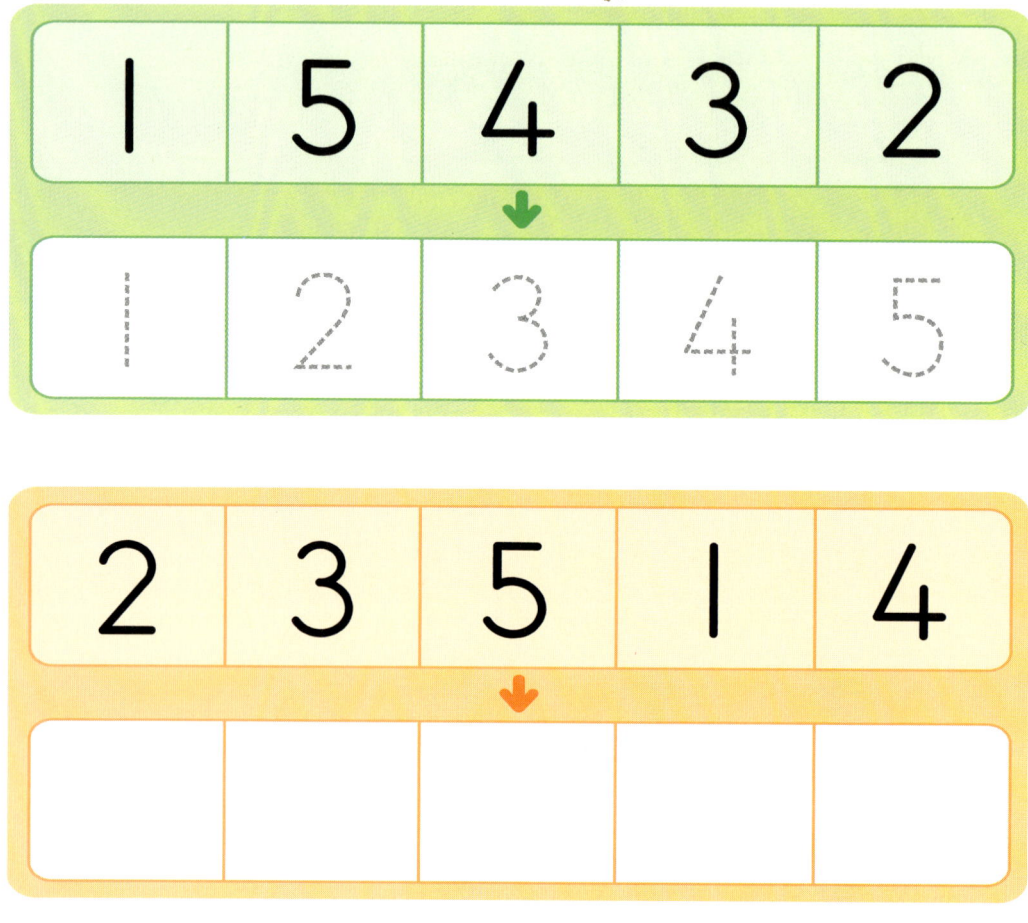

34 차시 1~5 수 익히기

2단계

수의 순서대로 빈칸에 바르게 쓰세요.

1~5의 수가 섞여 있네. 차례대로 바르게 써 봐.

1	5	4	3	2
1	2	3	4	5

2	3	5	1	4

4	2	1	5	3

빈칸에 알맞은 수를 쓰세요.

* 5부터 차례대로 수를 거꾸로 세어 봐.
거꾸로 세니까 하나씩 작아지는 수가 되는구나.

5	4	3	2	1

5			2	

	4		2	

		3		1

꼭꼭 수를 거꾸로 세는 것은 수를 차례대로 세는 것보다 훨씬 더 어려운 학습입니다. 천천히 반복하여 거꾸로 세기를 연습하게 합니다.

개수를 세어 보고, 더 큰 수에 ◯하세요.

2 — 1

3 — 4

2 — 3

5 — 4

꼭꼭 수의 크기를 블록의 높이로 비교하면서 쉽게 접근하였습니다. 먼저 블록의 높이로 수의 크기를 비교하고, 블록의 개수를 세어 확인한 후, 더 큰 수에 ◯합니다.

개수를 세어 보고, 더 큰 수에 색칠하세요.

개수가 더 많은 쪽이 더 큰 수야.
어느 쪽이 더 많은지 세어 봐.

3	4
2	1
2	3
4	5
5	2
1	3

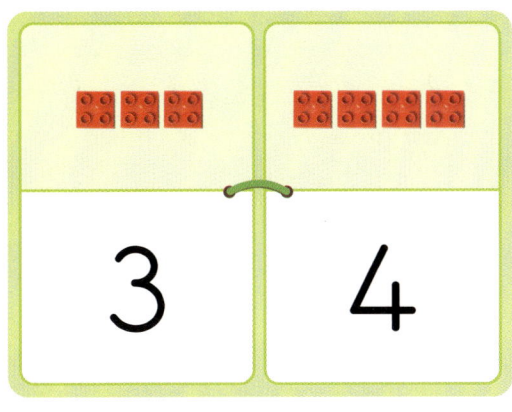

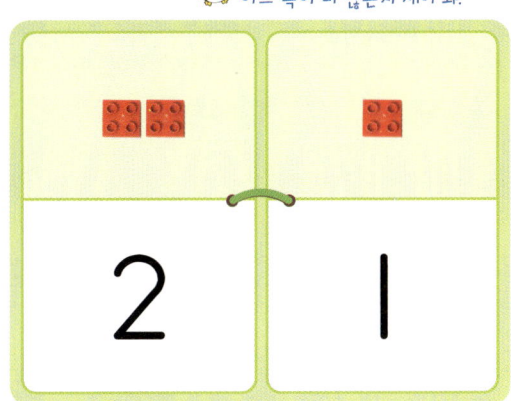

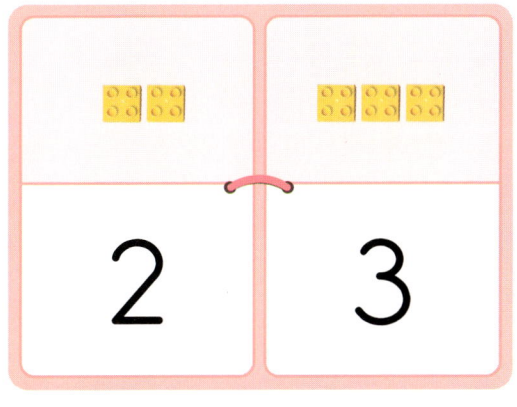

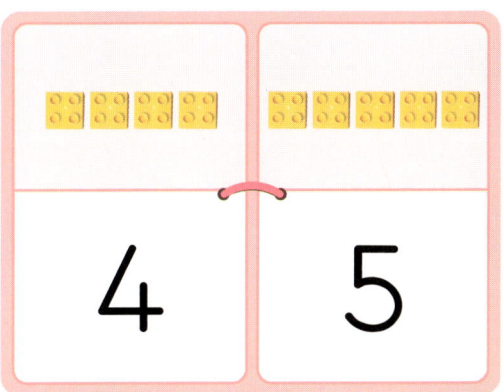

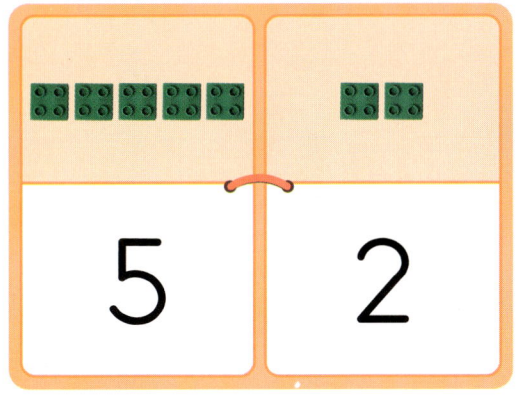

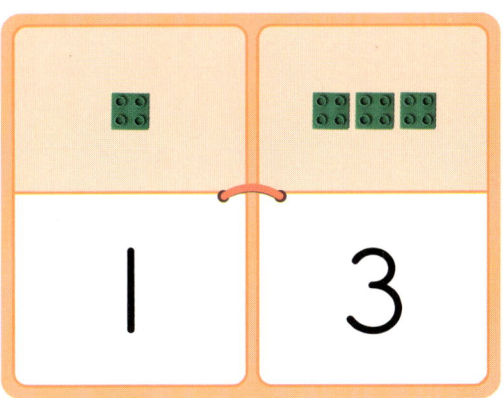

36 차시 1~5 수 익히기

3단계

개수를 세어 보고, 더 작은 수에 △하세요.

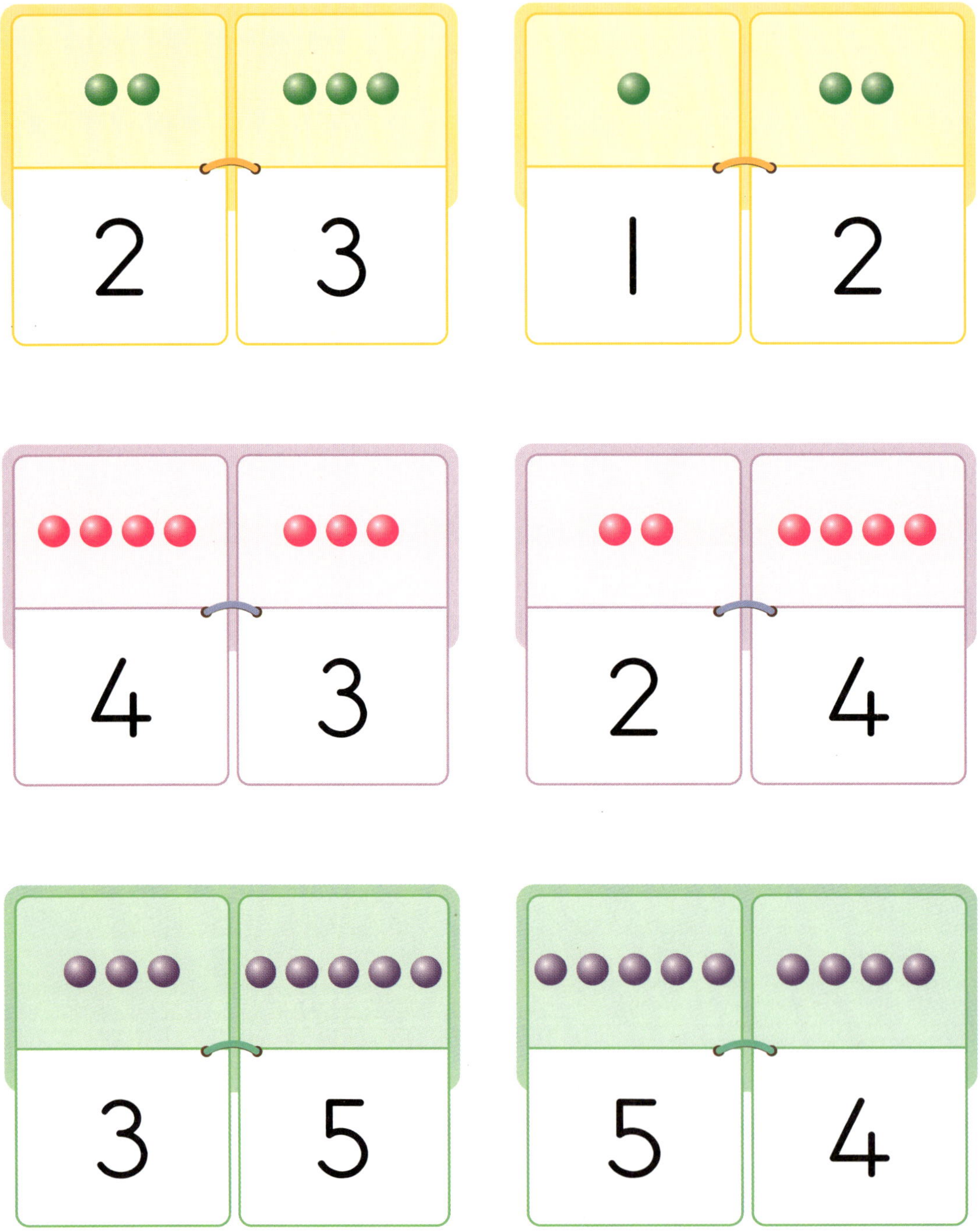

두 수 중 더 큰 수에 색칠하세요.

* 수를 차례대로 세어 봐.
나중에 센 수가 더 큰 수야.

3  2

1  3

4  1

2  5

3  5

4  2

2  1

3  4

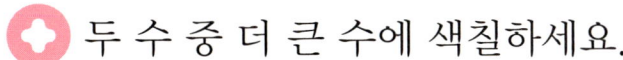

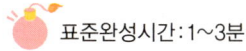

꼭꼭 숫자와 개수를 함께 생각하며 수의 크기를 알아봅니다. 2는 두 개, 3은 세 개이므로 둘보다 셋이 더 많으니까 3이 더 큰 수라는 것을 알게 합니다.

4주 0, 6~10 수 익히기

학습 체크표 매일 학습이 끝나면 채점을 하고 체크표를 작성하여 나의 실력을 알아보세요.

차시	단계	공부한 날	잘 했나요?
37차시	1단계	월 일	☺ ☺ 😑 ☹
38차시		월 일	☺ ☺ 😑 ☹
39차시		월 일	☺ ☺ 😑 ☹
40차시		월 일	☺ ☺ 😑 ☹
41차시		월 일	☺ ☺ 😑 ☹
42차시		월 일	☺ ☺ 😑 ☹
43차시		월 일	☺ ☺ 😑 ☹
44차시		월 일	☺ ☺ 😑 ☹
45차시	2단계	월 일	☺ ☺ 😑 ☹
46차시		월 일	☺ ☺ 😑 ☹
47차시	3단계	월 일	☺ ☺ 😑 ☹
48차시		월 일	☺ ☺ 😑 ☹

틀린 개수가

0~1개이면 ☺(아주 잘함)에, 2~3개이면 ☺(잘함)에,
4~5개이면 😑(보통)에, 6개 이상이면 ☹(노력 바람)에 색칠해 주세요.

만화로 개념 알아보기

학습목표 0, 6～10의 수 개념과 순서성을 이해하여 수를 바르게 읽고 쓰며, 수의 크기를 비교할 수 있습니다.

만화로 개념 알아보기

10
짹짹
짹
짹짹
짹짹
짹
열 마리~

10
짹짹
짹짹
짹짹
짹
짹
아악~
시끄러워!!!

37 차시 0, 6~10 수 익히기

1단계

개수를 세어 보고, 그 수만큼 색칠하세요.

꼭꼭 그림의 개수를 '하나, 둘, 셋, 넷, 다섯, 여섯' 하고 세어 보면서 같은 수만큼 색칠하게 합니다.

개수를 세어 보고, 그 수만큼 색칠하세요.

여덟

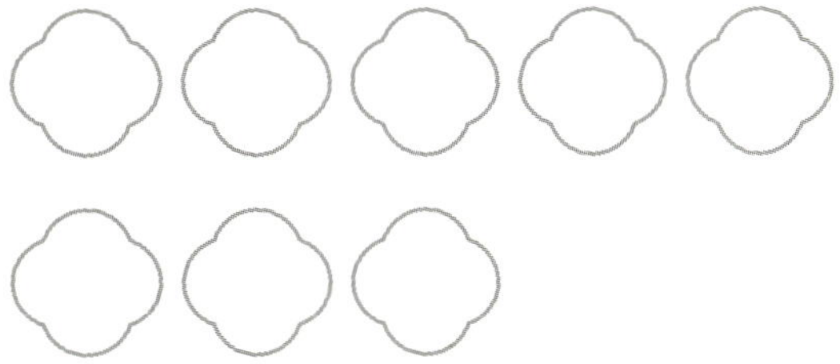

아홉

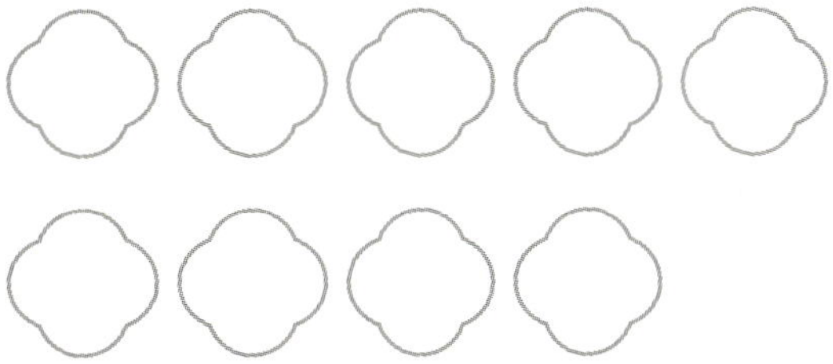

열

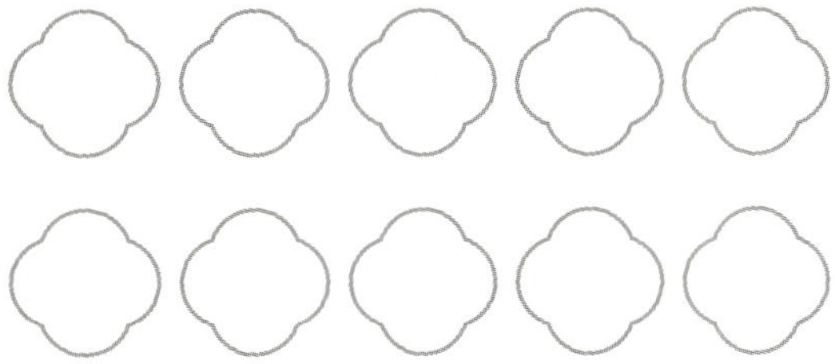

38 차시 0, 6~10 수 익히기

1 단계

개수를 세어 보고, 수를 쓰세요.

숫자 6은 '육'이라고 읽고, 여섯을 뜻하는 숫자야.

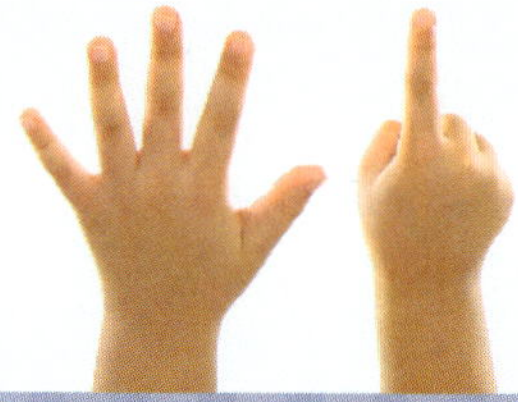

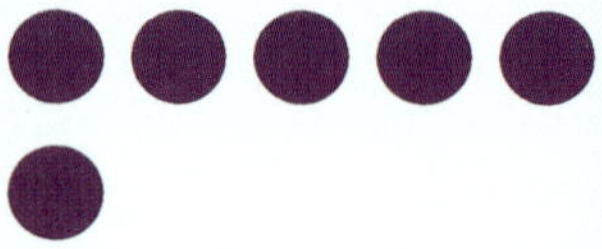

① 6

육 · 여섯

꼭꼭 숫자 6은 개수를 셀 때에는 '여섯'이라고 하고, 수를 읽을 때에는 '육'이라고 한다는 것을 알려 줍니다.

개수를 세어 보고, 수를 쓰세요.

인형이 몇 개 있니?
일곱은 '7'이라고 쓴단다.

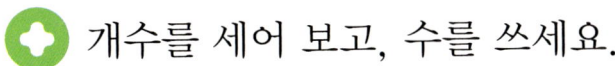

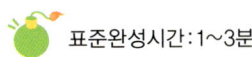

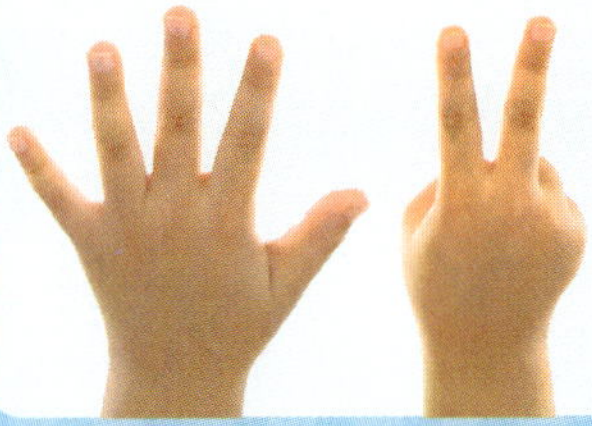

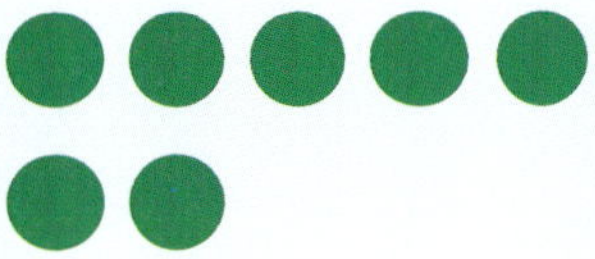

① ② 7

칠 · 일곱

7 7

7 7 7

개수를 세어 보고, 수를 쓰세요.

숫자 8은 '팔'이라고 읽고, 여덟을 뜻하는 숫자야.

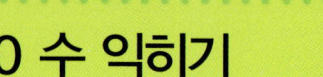

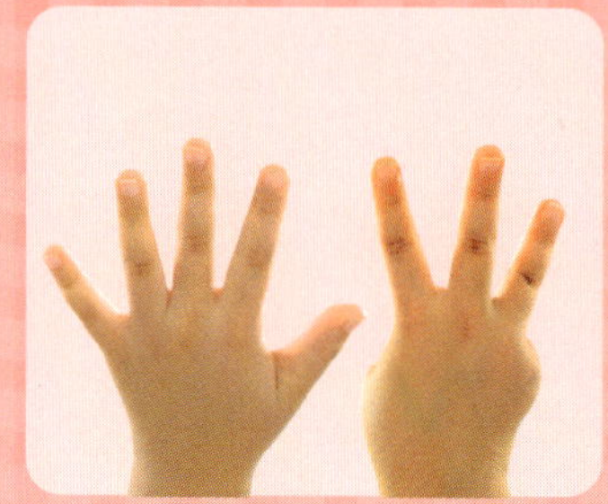

① 8

팔 · 여덟

8 8

8 8 8

개수를 세어 보고, 수를 쓰세요.

모두 아홉 개씩 있구나.
숫자 9는 '구'라고 읽는단다.

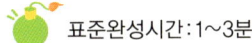

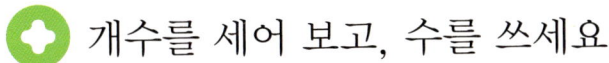

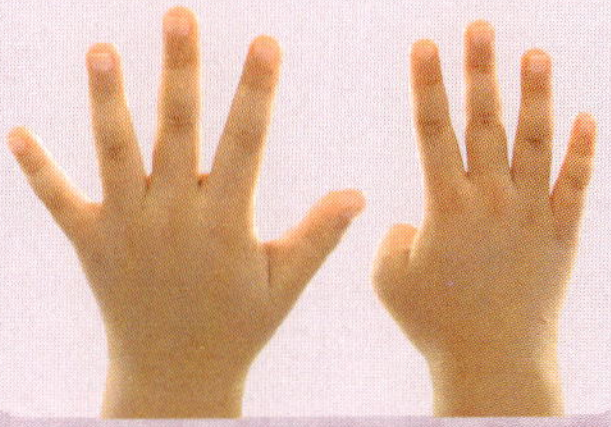

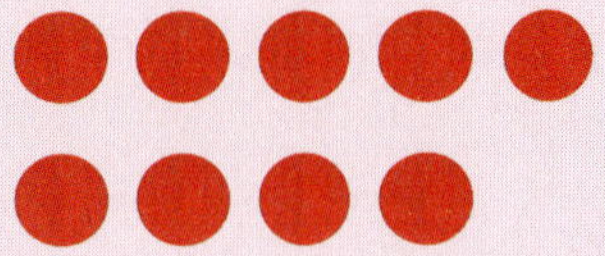

① 9

구 · 아홉

9 9

9 9 9

40 차시 0, 6~10 수 익히기

1단계

개수를 세어 보고, 수를 쓰세요.

10은 '십'이라고 읽고, 열을 뜻하는 숫자야.

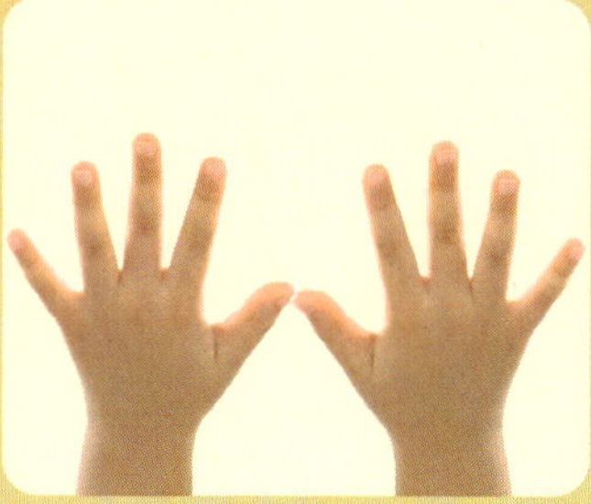

① ② 10
십 · 열

10 10

10 10 10

꼭꼭 숫자 '10'은 아이들에게 어려운 개념이므로 실생활에서 간식을 먹거나 장난감 등을 가지고 놀 때, 수를 세면서 10의 개념을 충분히 이해할 수 있도록 합니다.

같은 수를 찾아 주어진 색으로 칠하세요.

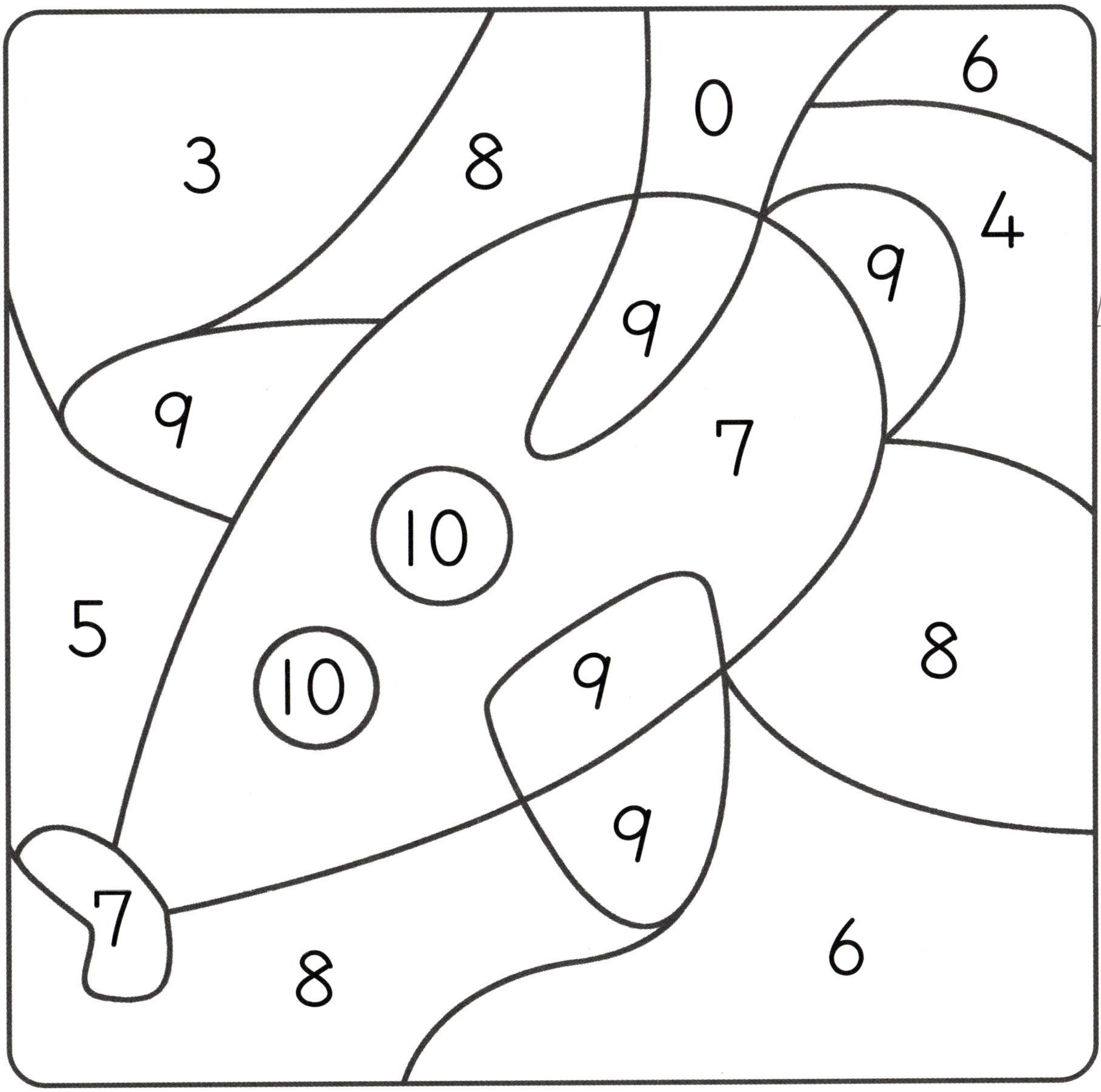

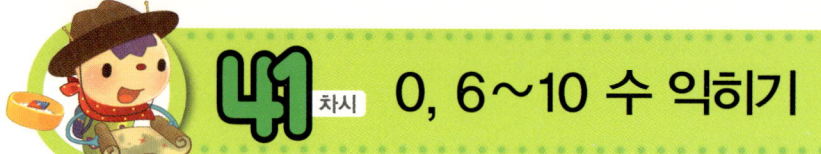

41 차시 0, 6~10 수 익히기

1 단계

수를 따라 쓰고, 그 수만큼 색칠하세요.

6	6	
7	7	
8	8	
9	9	
10	10	

빈칸에 수를 쓰고, 그 수만큼 묶으세요.

6	6	
7		
8		
9		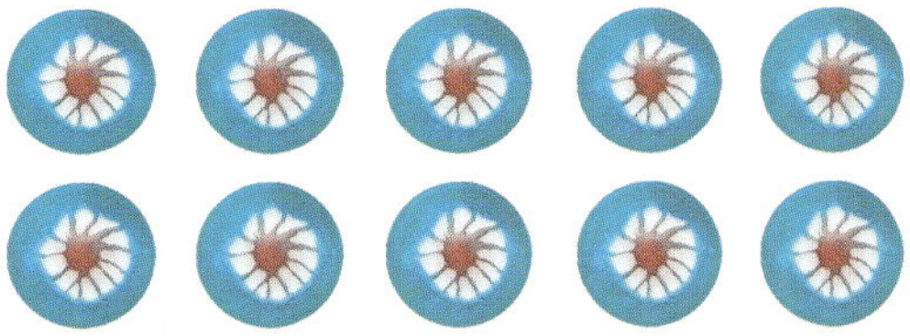
10		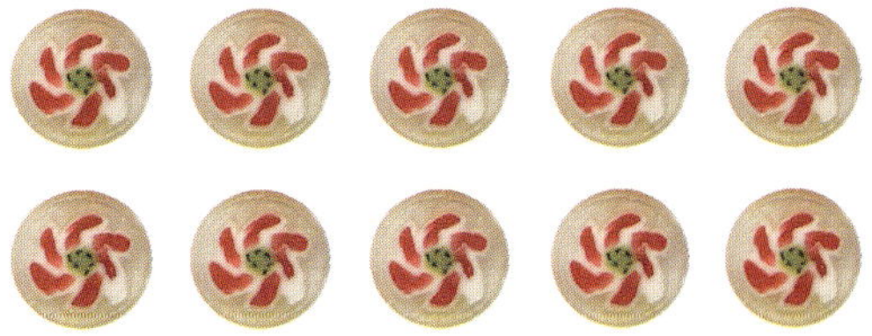

42 차시 0, 6~10 수 익히기

1 단계

개수를 세어 보고, 알맞은 수에 ◯하세요.

	6	7
	7	8
	9	8
	9	7
	8	10

꼭꼭 개수를 셀 때 '하나, 둘, 셋, 다섯, 일곱' 하며 건너뛰어 세는 경우가 종종 있으므로 수의 이름과 수의 크기를 정확히 알도록 하나씩 짚어가며 바르게 세도록 합니다.

개수를 세어 보고, 알맞은 수에 색칠하세요.

	6	7
	8	6
	6	7
	9	10
	7	9

43 차시 0, 6~10 수 익히기

1 단계

같은 수끼리 줄로 이으세요.

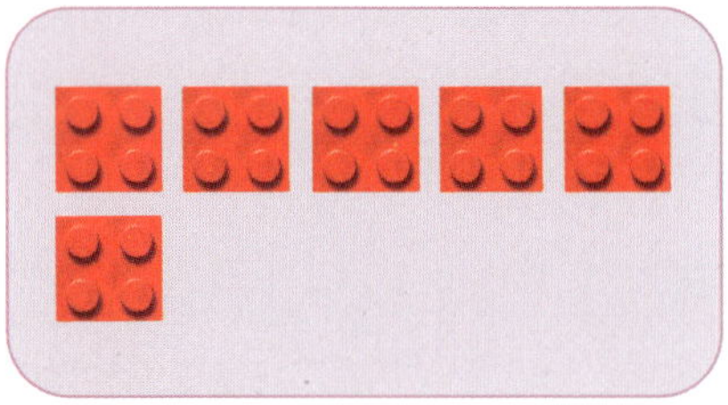

6

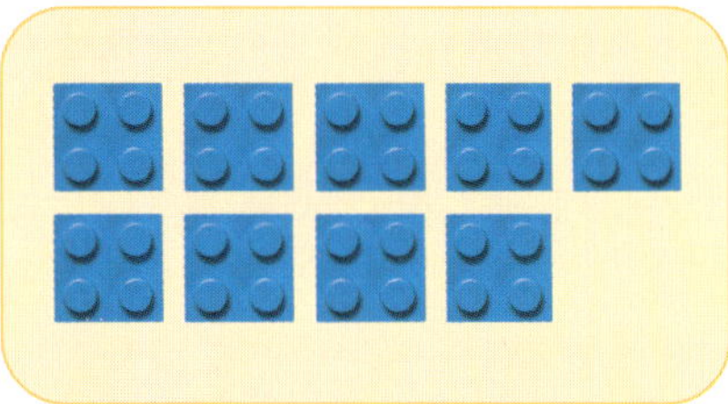

7

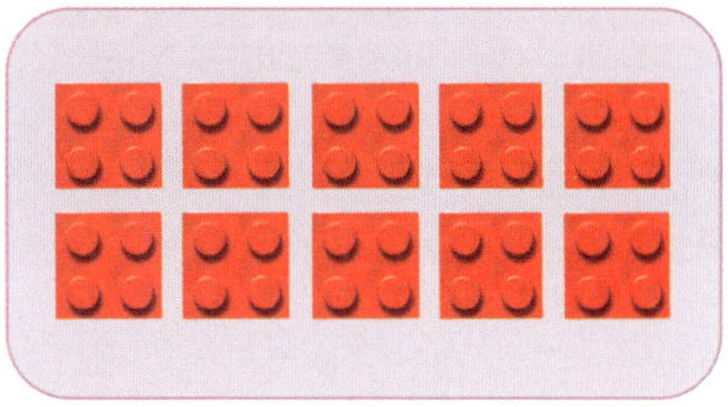

8

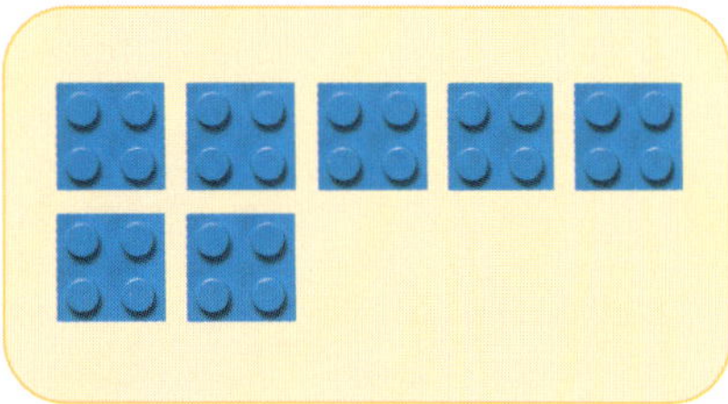

9

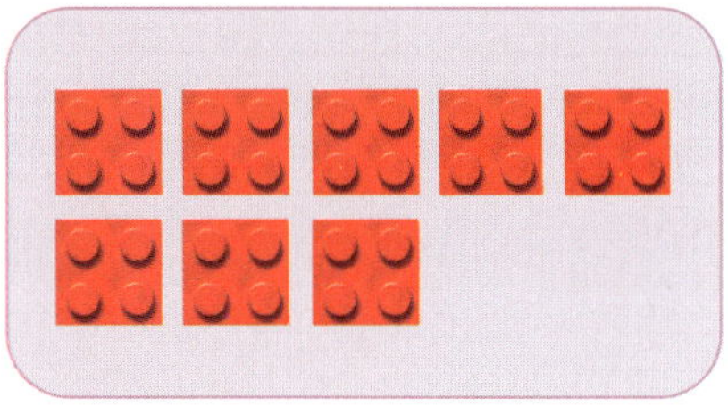

10

개수를 세어 보고, 수를 쓰세요.

숫자 0은 '영'이라고 읽고, 아무 것도 없다는 것을 나타내는 숫자야.

① 0
영

꼭꼭 "빵을 다 먹어서 한 개도 남지 않았지? 이렇게 아무 것도 없는 것을 '0' 이라 쓰고, '영' 이라고 읽는단다." 하며 0에 대한 개념을 다져 줍니다.

44 차시 0, 6~10 수 익히기

1 단계

개수를 세어 보고, 알맞은 수에 ○하세요.

	6	7
	8	9
	7	10
	0	6
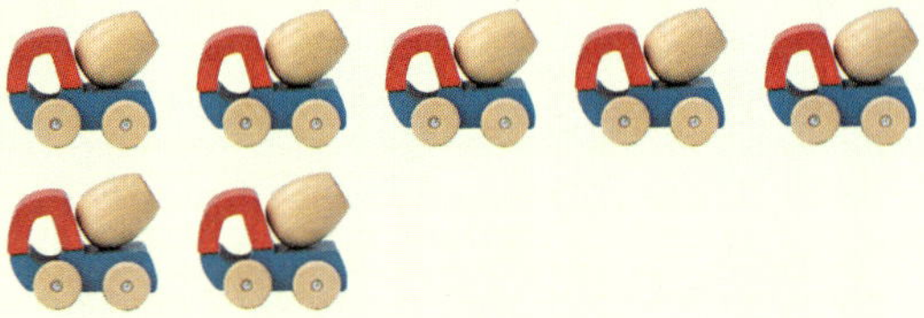	7	9

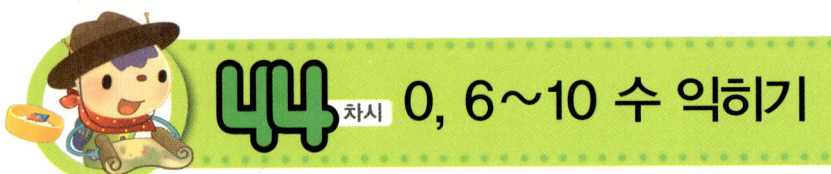

같은 수끼리 짝지은 것에 모두 ◯하세요.

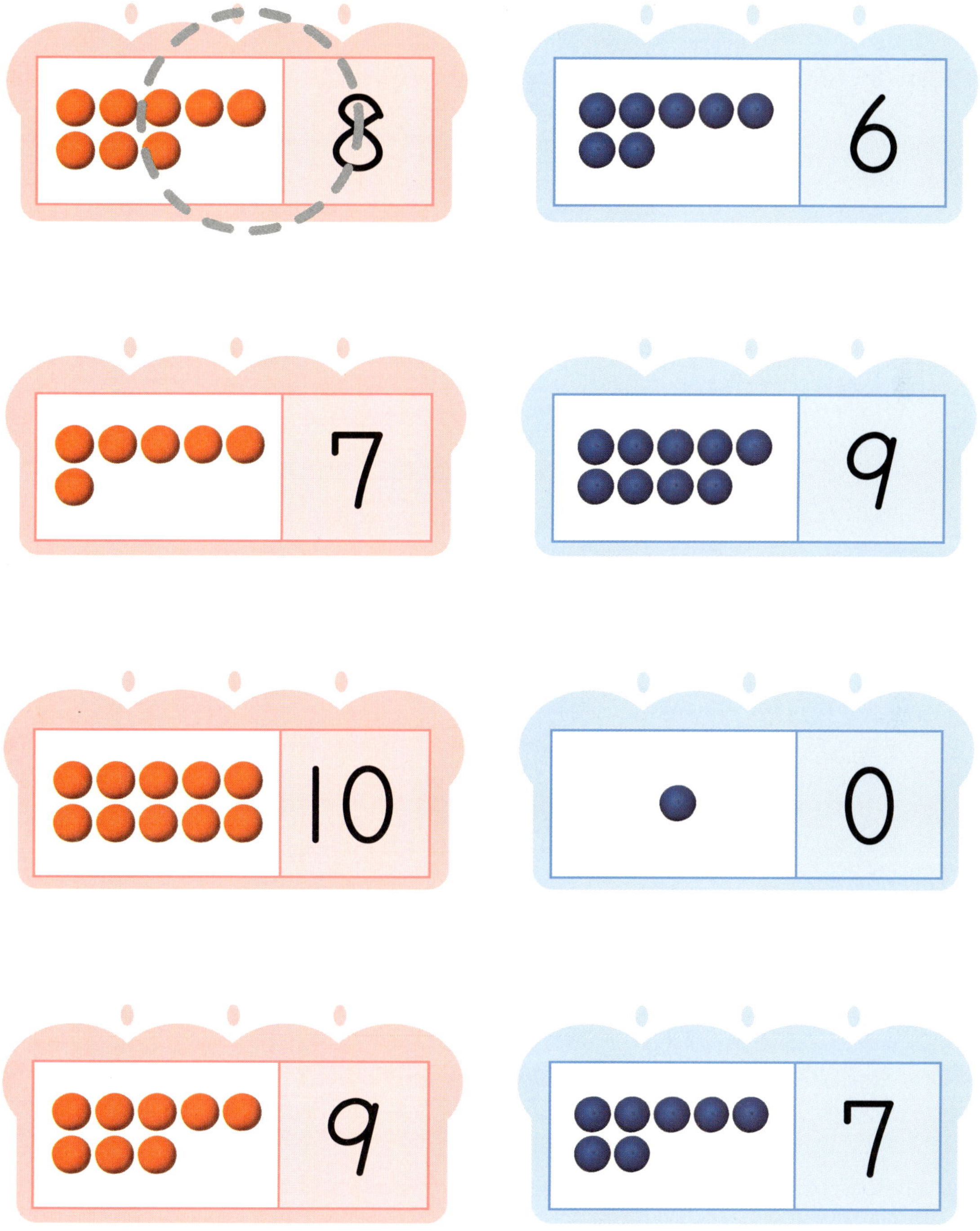

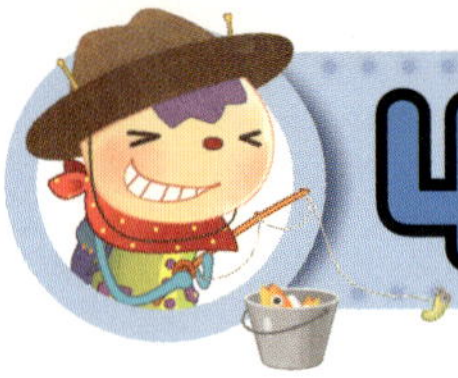

45 차시 0, 6~10 수 익히기

2단계

개수를 세어 보고, 빈칸에 알맞은 수를 쓰세요.

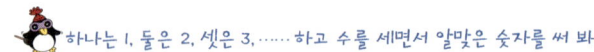

하나는 1, 둘은 2, 셋은 3, …… 하고 수를 세면서 알맞은 숫자를 써 봐.

1	2	3	4	5
6	7	8	9	10

6		8		10

꼭꼭 1부터 10까지의 수를 차례대로 세면서 개수와 숫자를 함께 익힙니다. 여섯은 숫자로 6이라고 쓰고, 일곱은 7이라고 쓰면서 차례대로 빠진 수를 쓰게 합니다.

개수를 세어 보고, 빈칸에 알맞은 수를 쓰세요.

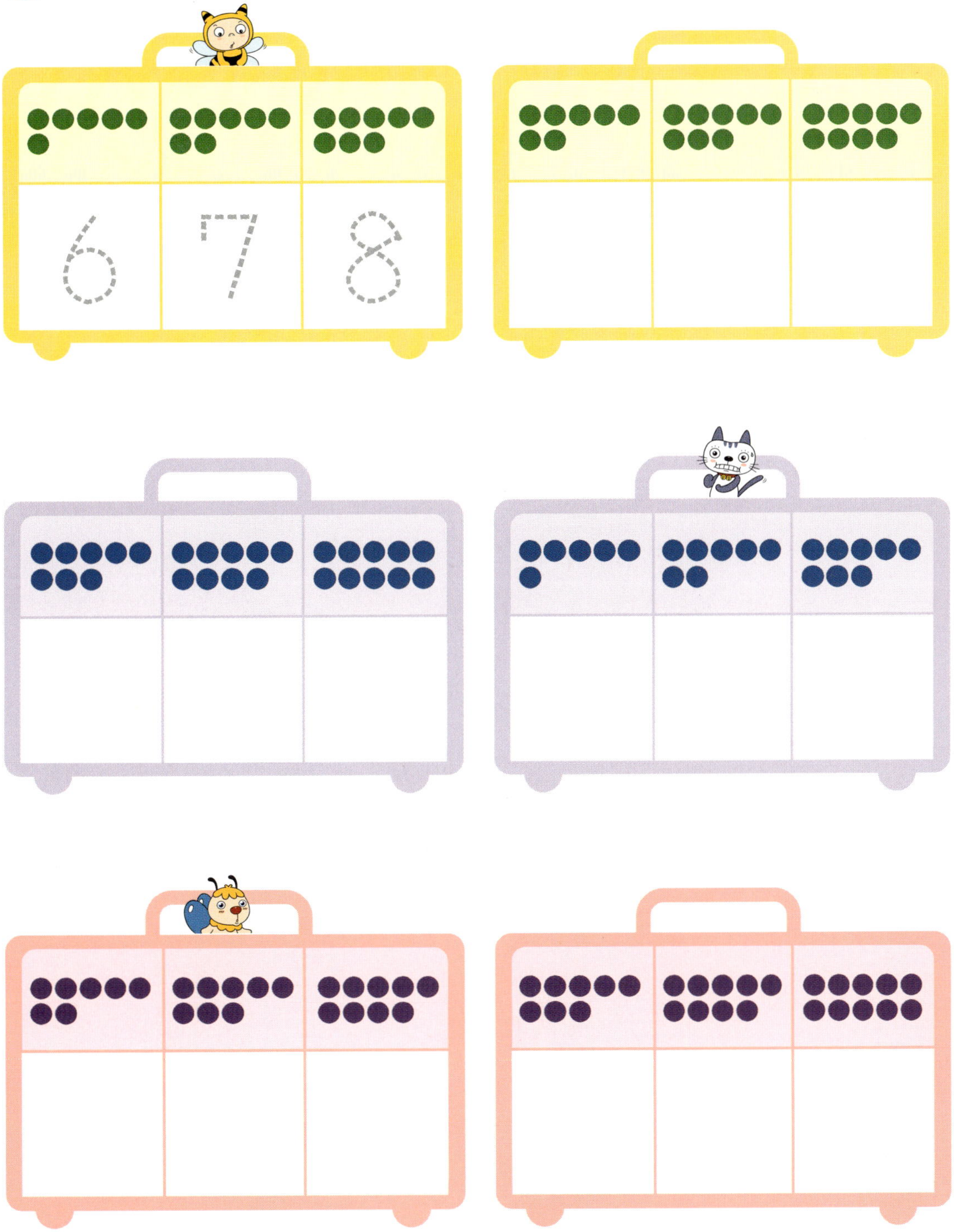

46 차시 0, 6~10 수 익히기

2단계

빈칸에 알맞은 수를 쓰세요.

6	7	8	9	10
6		8		10
		8	9	
	7			10

1 2 3 4 5 6 7 8 9 10

빈칸에 알맞은 수를 쓰세요.

6부터 10까지의 수를 차례대로 세어 봐.

6	7		9	

		8		10

6		8	9	

	7			10

47 차시 0, 6~10 수 익히기 3단계

그림을 보고 각각의 수를 세어 □ 안에 쓰세요.

* 다른 그림을 세지 않도록 주의해야 해.

꼭꼭 여러 그림이 섞여 있으므로 같은 그림을 변별하여 수를 세어 보고, 그 수만큼 숫자로 쓰게 합니다. 수의 크기를 숫자로 인식하는 활동은 수 세기의 기초 학습이 됩니다.

그림을 보고 각각의 수를 세어 □ 안에 쓰세요.

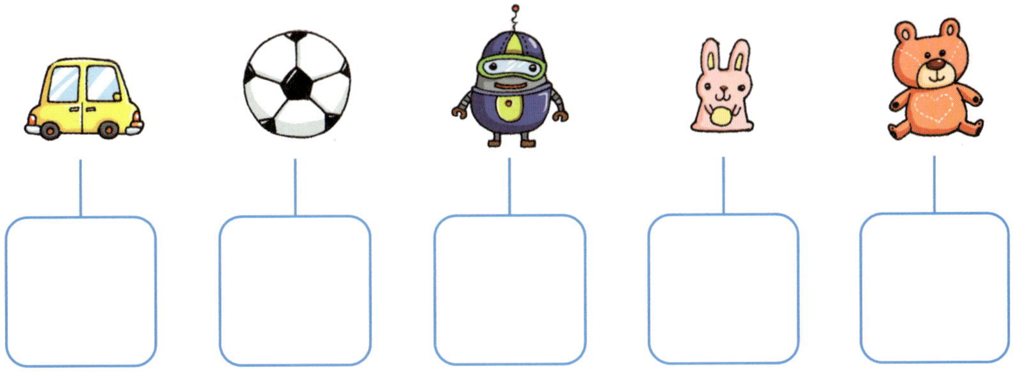

0, 6~10 수 익히기

하나씩 짝지어 보고, 더 큰 수에 ◯하세요.

6

7

7

8

하나씩 짝짓고 남는 쪽이 더 큰 수야.

8

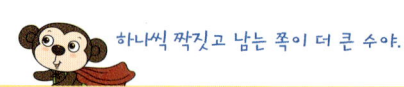

9

꼭꼭 하나씩 짝짓기는 수의 대소를 비교하는 기초 활동입니다. 짝지어 남는 쪽이 더 많은 수이며, 더 큰 수입니다.

하나씩 짝지어 보고, 더 작은 수에 △하세요.

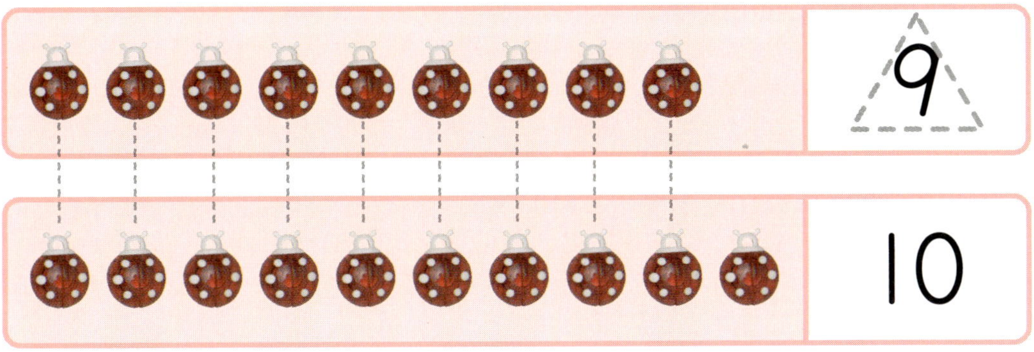

하나씩 짝짓고 모자라는 쪽이 더 작은 수야.

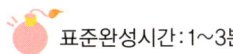

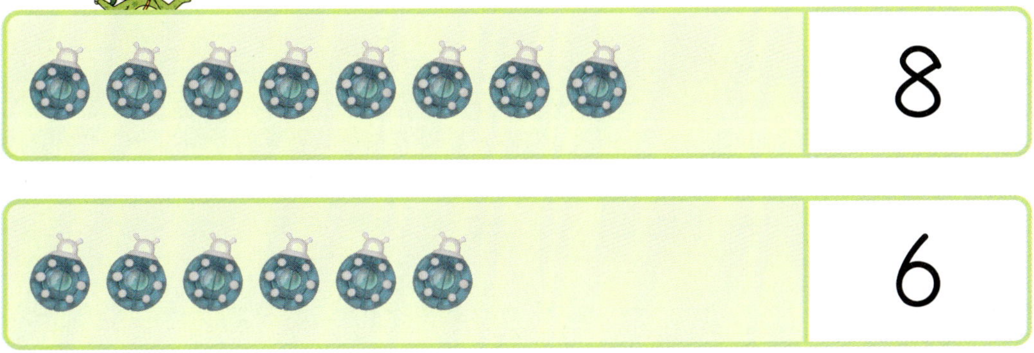

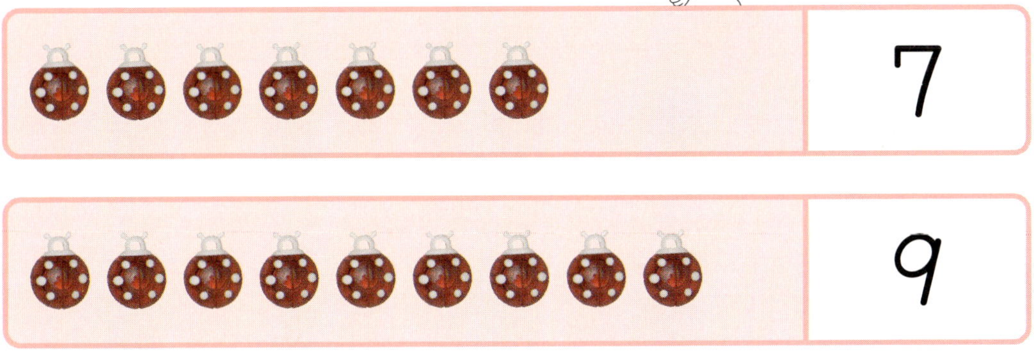

종합 평가 A1

공부한 날 ( ) 월 ( ) 일

개수를 세어 보고, □ 안에 알맞은 수를 쓰세요.

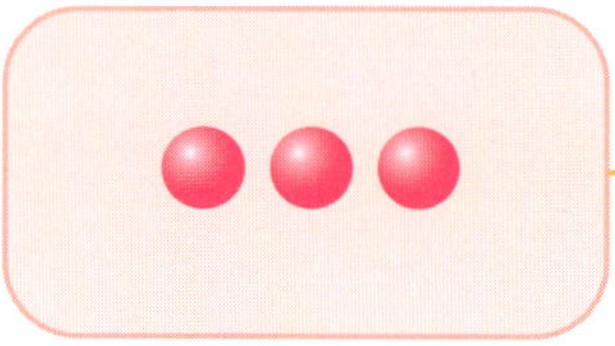

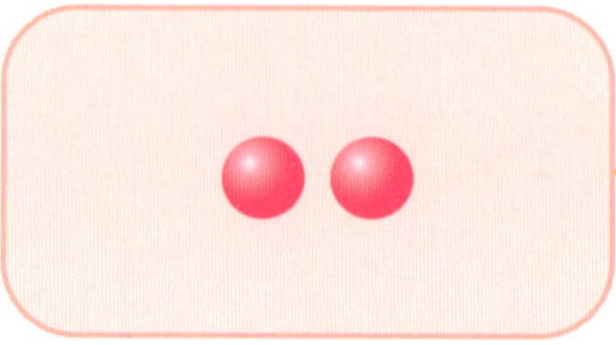

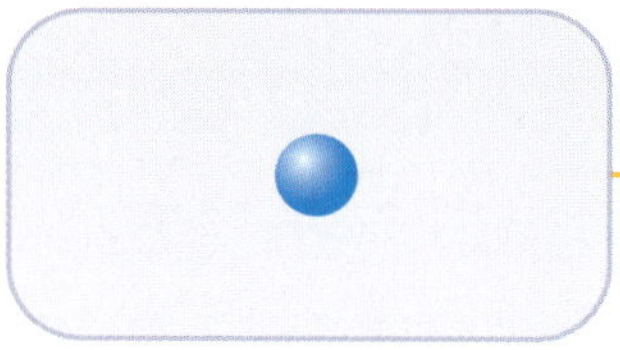

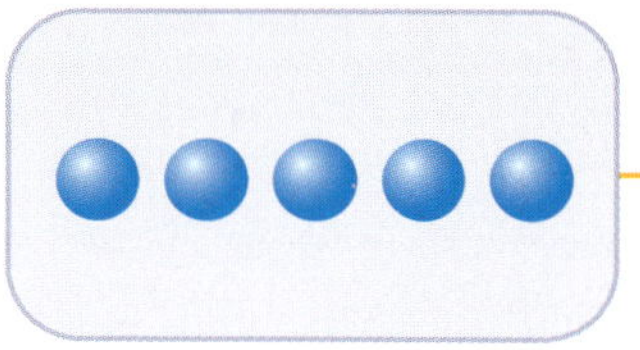

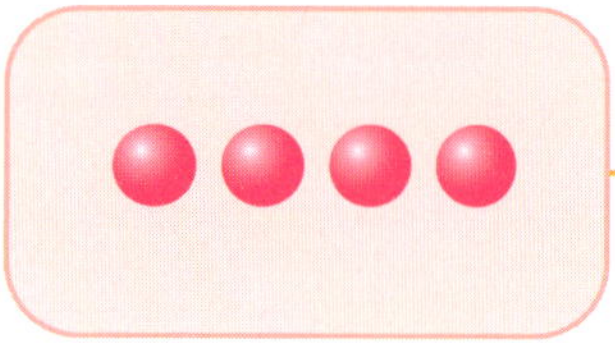

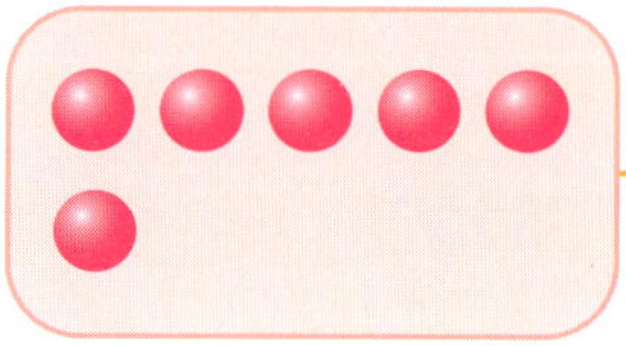

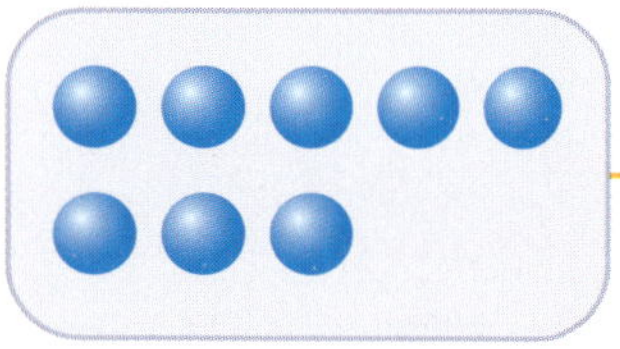

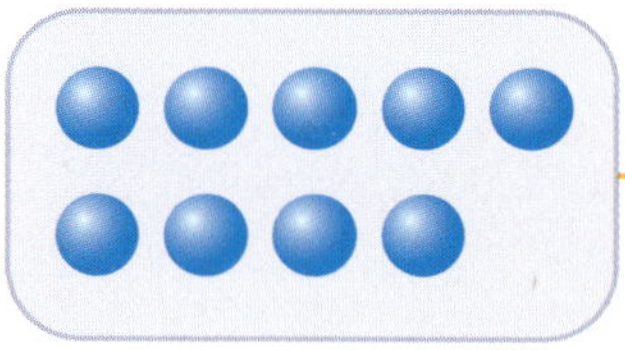

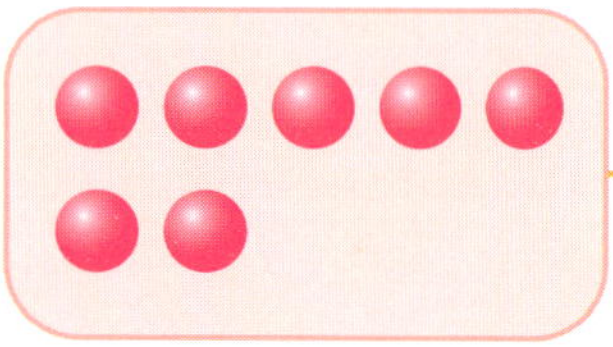

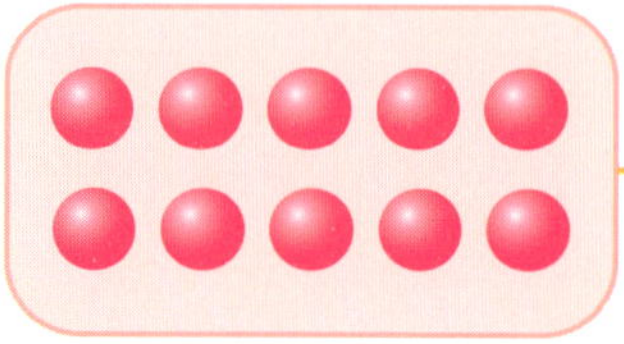

틀린 개수	0~2	3~6	7~12	13개 이상
평가	아주 잘함	잘함	보통	노력 바람

채점을 하고, 틀린 개수에 맞게 ○하세요

빈칸에 알맞은 수를 쓰세요.

3		5		7

6	7			10

1	2		4	

	5	6		8

5		7		9

	3	4		6

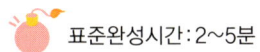

개수를 세어 보고, 더 큰 수에 ○하세요.

2	1

3	2

5	2

1	3

6	5

6	7

7	9

10	8

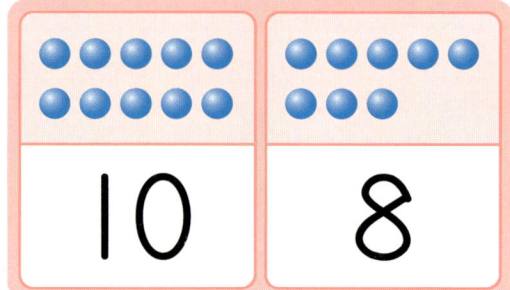

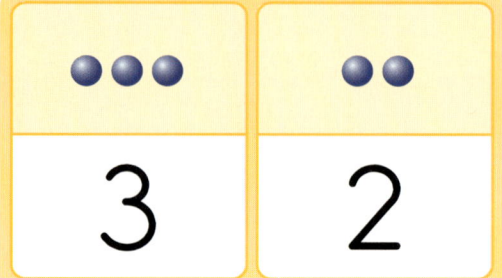

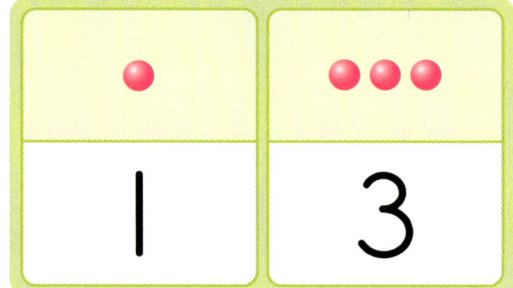

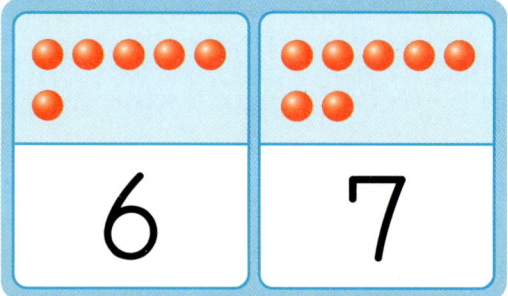

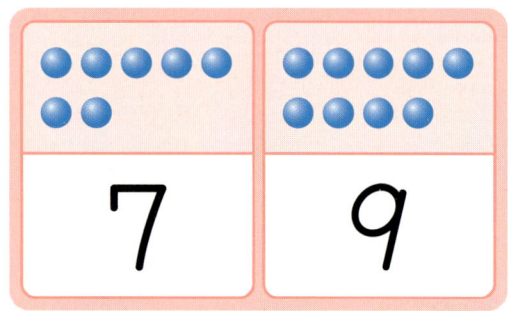

기초계산 A1

정답 및 지도서

자르는 선을 따라 잘라 보관하여, 채점할 때 사용하세요.

자르는 선

정답 및 지도서 A1

1주 일대일 대응, 많다 · 적다

지도 방법

① 일대일 대응은 사물을 하나씩 짝짓는 활동으로, 수량의 의미를 이해하는 첫걸음이라고 할 수 있습니다. '하나에 하나씩'이라는 말을 따라하면서 아이가 동등성의 개념을 이해하고 대응의 표현을 익힐 수 있도록 지도해 주세요.

② 일대일 대응은 수 세기의 준비 과정으로써 수의 보존 개념을 이해하는 데 기초가 됩니다. 일상생활에서 일어나는 비형식적인 일대일 대응의 경험을 통하여 아이가 개념을 잘 이해하고 활용할 수 있도록 지도해 주세요.

③ 아이가 좋아하는 사물 등을 이용하여 하나씩 짝지어 보고 남는 쪽이 수가 더 많은 쪽이고 모자라는 쪽이 수가 더 적은 쪽이라는 개념을 자연스럽게 학습할 수 있도록 지도해 주세요.

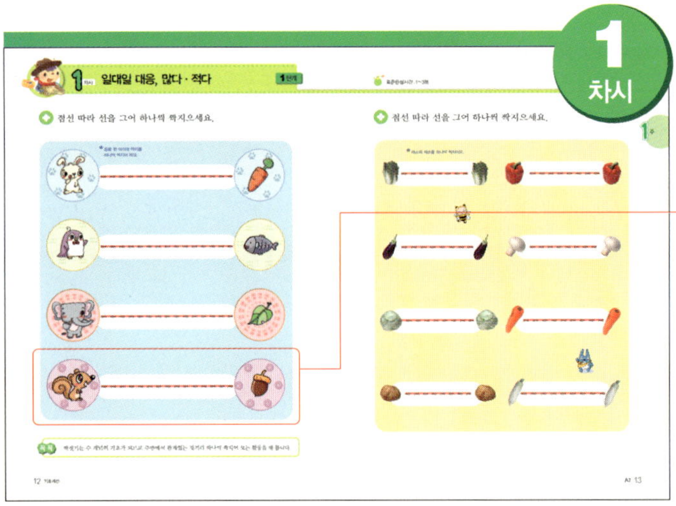

12 ~ 13쪽

- 다람쥐는 무엇을 먹고 살까?
- 도토리를 먹고 살지?
- 다람쥐와 도토리를 연결해 볼까?
- 다람쥐 하나에 도토리 하나.

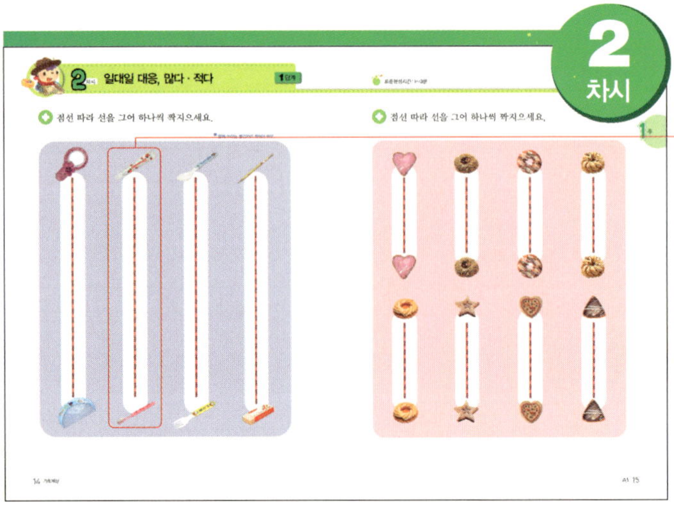

14 ~ 15쪽

- 이를 닦을 때에 무엇이 필요할까?
- 그래, 치약과 칫솔이 필요하지. 이처럼 함께 쓰이는 물건끼리 연결해 보자.
- 그림에 나와 있는 것 말고 또 무엇이 있을까?
- 엄마가 먼저 말해 볼게. 책상과 의자.

16 ~ 17쪽

- 엄마와 아기들이 있네. 어떤 동물들인지 ○○가 말해 볼래?
- ○○가 엄마와 아기들을 서로 만나게 해 줄까?
- 엄마와 아기들을 다 만나게 해 주었니?
- 만나지 못한 엄마랑 아기는 없는지 다시 한 번 볼까?

18 ~ 19쪽

- 도깨비는 무엇을 가지고 다닐까?
- 그래, 도깨비는 방망이를 들고 다니지.
- 도깨비와 방망이 하나, 이것처럼 서로 어울리는 것끼리 하나씩 짝지어 보자.

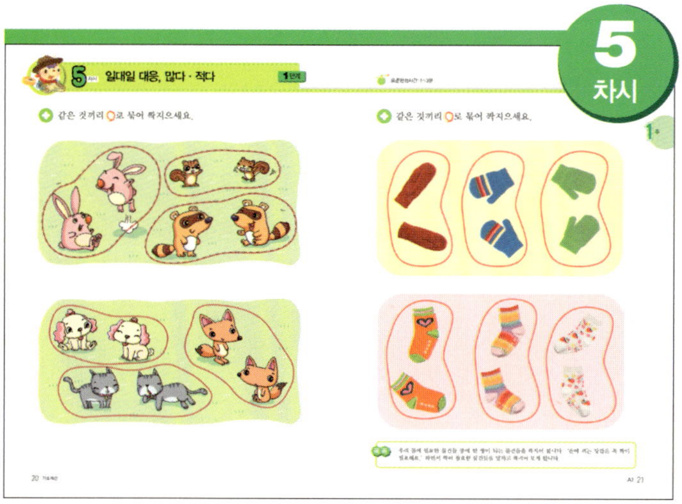

20 ~ 21쪽

- 같은 종류의 동물끼리 묶으며 짝지어 볼까?
- ○○는 토끼랑 다람쥐랑 너구리 중 가장 좋아하는 동물이 무엇이니?
- 서로 잘못 짝지은 동물은 없니?
- 동물들을 잘 구분해서 같은 것끼리 짝지어 보렴.

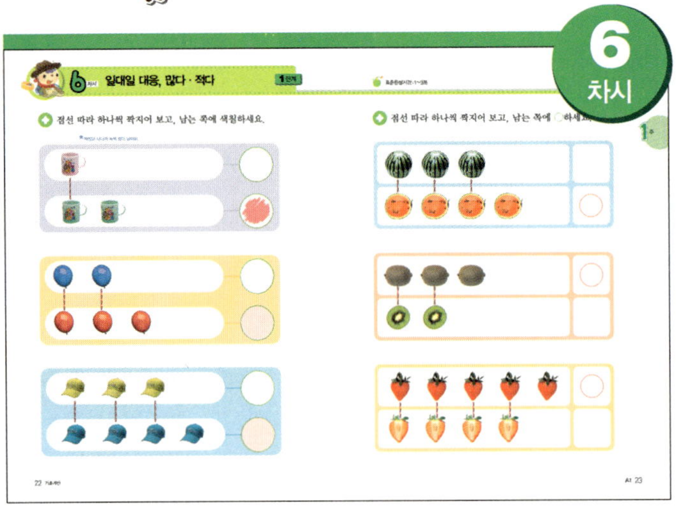

22 ~ 23쪽

- 물건들을 하나씩 짝지어 보자.
- 그런데 하나씩 짝짓고 남는 쪽이 있구나?
- 하나씩 연결했을 때 남는 쪽이 더 많다는 거란다.

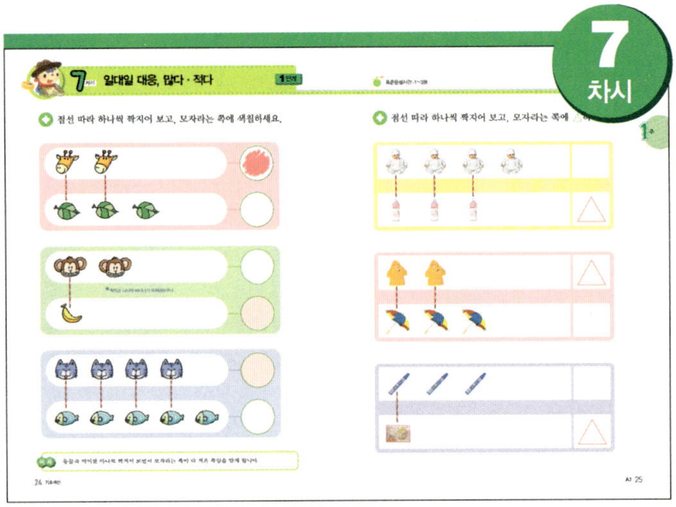

24 ~ 25쪽

- 동물과 먹이를 각각 하나씩 연결해 보자.
- 무엇이 모자랐니?
- 하나씩 연결했을 때 모자라는 쪽이 더 적다는 거란다.

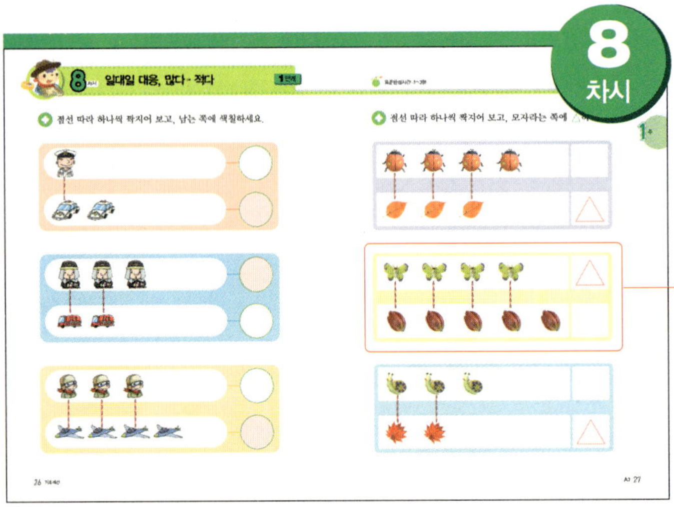

26 ~ 27쪽

- 나비와 꽃 중 어느 쪽이 더 적어 보이니?
- ○○가 말한 것이 맞는지 점선 따라 선을 그으며 확인해 볼까?
- 나비 한 마리에 꽃 한 송이씩 연결해 주면 되겠지?
- 어느 쪽에 △를 해야 하지?

28 ~ 29쪽

- 둘 중 어느 쪽이 더 적게 있지?
- 각 블록의 수만큼 흰색 바둑알과 검정색 바둑알을 놓아 보자.
- 흰색 바둑알이 훨씬 적구나. 적은 쪽에 △로 표시하면 되겠지?

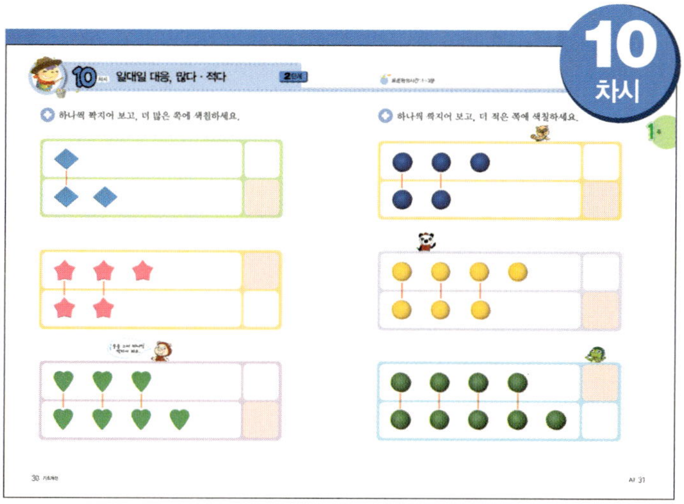

30 ~ 31쪽

- 그림을 잘 살펴볼까?
- 어느 쪽이 더 많을 것 같니?
- 하나씩 연결해 볼까?
- ○○가 말한 것이 정말 맞았구나.
- 하나씩 짝지어 보면 어느 쪽이 더 많고 적은지 알 수 있단다.

32 ~ 33쪽

- 아이들이 빈 상자를 하나씩 들고 있구나.
- 밑에 있는 장난감들을 오려 아이들에게 하나씩 선물해 주자.
- 상자에 장난감을 각각 하나씩 담아 보자.
- ○○가 제일 좋아 하는 장난감부터 담아 보렴.

34 ~ 35쪽

- 재주 많은 물개 친구들이란다.
- 물개가 공으로 재주를 부릴 수 있도록 ○○가 물개에게 공을 하나씩 던져 주자.
- 물개 1마리에 공 1개씩 주어야 모자라지 않겠지?

체크 포인트

① 하나씩 대응시키는 것은 개수를 정확하게 세기 위한 기초 학습이므로, 개념을 정확히 이해하여 아이가 차례대로 하나씩 대응시킬 수 있도록 지도해 주세요.

② 실제로 집 안에서 일대일 대응을 경험할 수 있게 해 주세요. 예를 들면 상을 차릴 때 밥그릇과 국그릇을 하나씩 놓아 보게 하거나, 아이에게 양말(신발)을 보여 준 후 양말(신발)의 모양, 무늬, 색깔 등을 관찰하여 나머지 양말(신발)을 찾아볼 수 있도록 해 주세요.

정답 및 지도서 A1

2주 1~5 수 익히기

지도 방법

1. 수학의 기본이 되는 1~5의 개수 세기와 수 세기를 익히도록 지도합니다.
2. 일상생활에서 '우리 가족은 모두 몇 명일까?', '우리 집의 시계는 모두 몇 개일까?'와 같은 의도적인 질문으로 아이에게 수 세기의 필요성을 느끼게 해 주세요.
3. 개수를 셀 때에는 '하나, 둘, 셋, 넷, 다섯' 하고 또박또박 세어 보게 하고, 수에는 정해진 순서가 있음을 알게 해 주세요.
4. 개수를 센 다음에는 개수를 표현하는 기호인 숫자가 있음을 알려 주고, '일, 이, 삼, 사, 오' 하고 숫자를 읽고 직접 써 보면서 숫자의 모양에 대해 이야기를 나누어 보세요. 그런 다음, 하나는 1, 둘은 2와 같이 수와 양의 개념을 이해시켜 주세요.

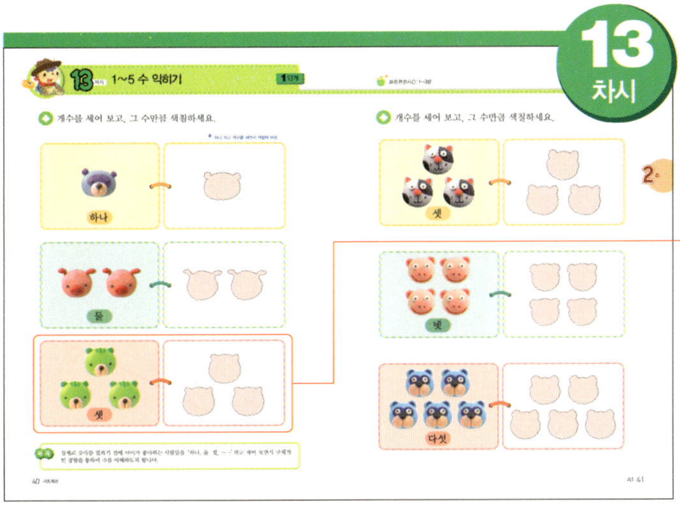

40 ~ 41쪽

- 곰이 모두 몇 마리인지 세어 보자.
- 마지막에 센 수가 개수이니까 '하나, 둘, 셋' 모두 세 마리구나.
- 세 개만큼 색칠해 볼래?
- 양쪽의 개수가 같은지 다시 한 번 세어 볼래?

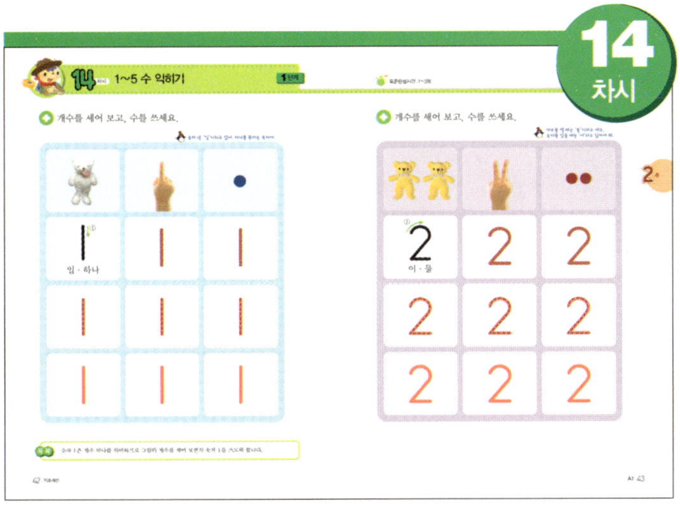

42 ~ 43쪽

- 인형과 동그라미가 각각 몇 개인지 세어 볼까?
- 손가락이 몇 개 펴져 있지? ○○도 두 개만큼 손가락을 펴 볼래?
- 노랑 곰 인형이 하나, 둘, 두 개 있네. 두 개는 '2'라고 쓰고, '이'라고 읽는단다.

44 ~ 45쪽

- 인형과 동그라미가 각각 몇 개씩 있니? 손가락은 몇 개 펴져 있니?
- 모두 같은 개수만큼 있지? 그 수를 무엇이라고 읽을까?
- 닭 인형이 하나, 둘, 셋, 넷, 네 개가 있네. 네 개는 '4'라고 쓰고 '사'라고 읽는단다.

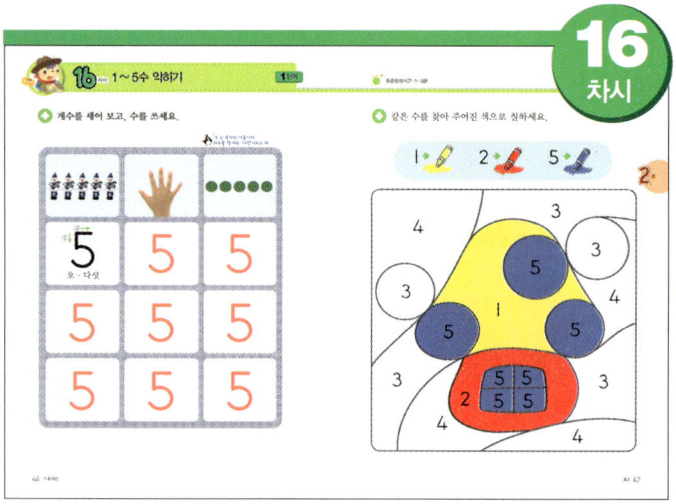

46 ~ 47쪽

- 적혀 있는 수를 엄마와 같이 읽어 볼까?
- 같은 수를 찾아 주어진 색으로 칠해 보자.
- 숫자 1은 노란색, 숫자 2는 빨간색, 숫자 5는 파란색으로 칠해 보자.
- 어떤 그림이 완성되었니?

48 ~ 49쪽

- 왼쪽에 나와 있는 수가 몇인지 ○○가 큰 소리로 읽어 볼래?
- 개수를 셀 때는 '셋'이라고 하고, 수를 읽을 때는 '삼'이라고 한단다.
- 3만큼 물고기를 묶어 볼까?

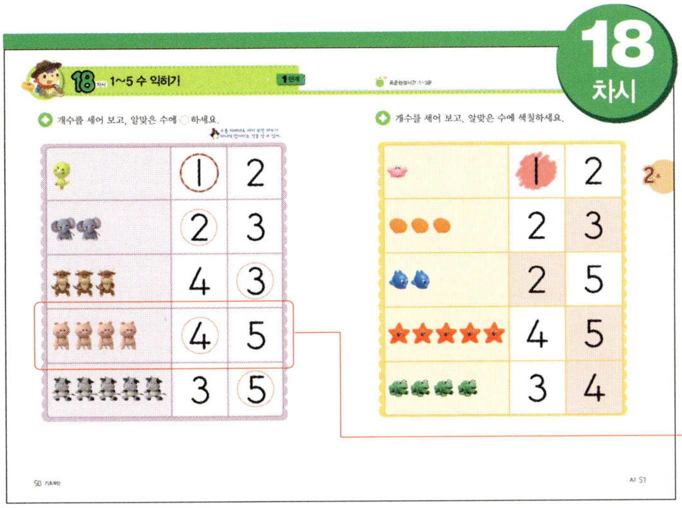

50~51쪽

- 동물들이 모두 몇 마리인지 세어 볼까?
- 수로 바르게 나타낸 것을 찾아 ○해 보자.
- 돼지가 몇 마리인지 세어 볼까?
- 네 마리는 수로 어떻게 쓰는지 찾아서 ○해 보자.

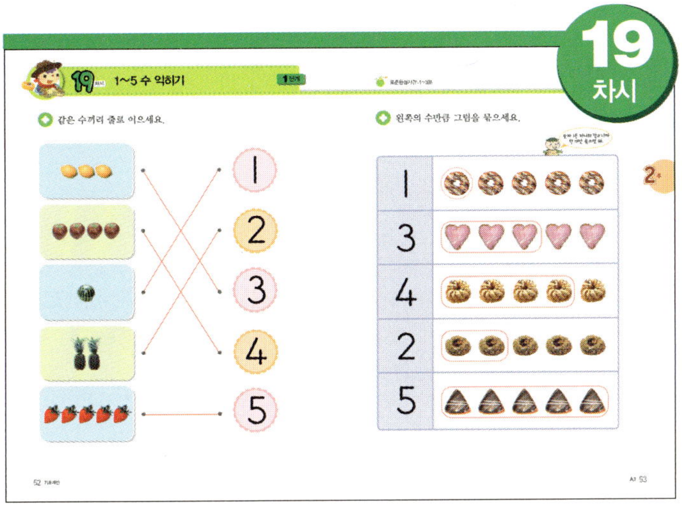

52~53쪽

- 과일이 몇 개인지 세어 볼까?
- ○○가 센 개수를 수로 어떻게 쓸 수 있을까?
- 같은 수를 찾아 줄로 이어 보자.

54~55쪽

- 왼쪽의 수를 읽어 볼래?
- 2만큼 손가락을 펴 보자.
- 펴진 손가락의 개수만큼 ○를 그리는 거야.

56 ~ 57쪽

- 블록이 몇 개인지 세어 볼래?
- 두 개는 숫자로 어떻게 쓸 수 있지?
- 1~5의 수를 차례대로 세어 보면서 빈칸에 어떤 수를 써야 할지 생각해 보렴.

58 ~ 59쪽

- 1~5의 수를 차례대로 세어 보자.
- 수를 차례대로 세어 보면서 빈칸에 빠진 수를 써 보자.
- 다 썼으면 수를 차례대로 읽어 보자.

60 ~ 61쪽

- 펭귄과 바다 표범들이 놀고 있네.
- 각각 몇 마리인지 세어 보자.
- 센 것을 또 다시 세지 않도록 /로 그어 가며 세어 보자.
- 펭귄이 모두 몇 마리인지 수로 써 볼까?
- 그래, 하나, 둘, 셋, 세 마리니까 3을 쓰면 된다.

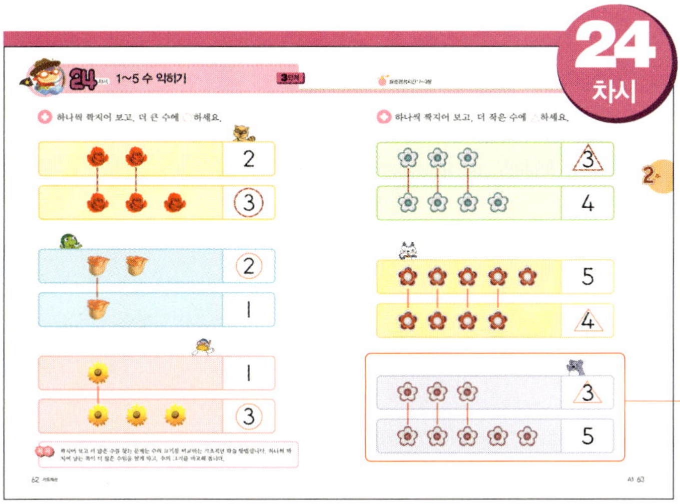

62 ~ 63쪽

- 위와 아래에 꽃 모양들이 있지. 각각 몇 개인지 세어 볼까?
- 하나씩 줄을 그어 짝지어 보자. 하나, 둘, 셋.
- 더 이상 짝지을 수가 없지? 둘 중 어느 쪽이 남았니?
- 똑같이 하나씩 연결했는데 5에 꽃 모양이 2개 남았다는 것은 5가 3보다 더 큰 수라는 거란다.

체크 포인트

❶ 다양한 문제를 풀어 보며 1부터 5까지 개수 세기와 수 세기를 익히게 해 주세요.

❷ 학습한 이후에도 생활 속에서 여러 가지 사물을 세어 보게 하여, 수 세기에 대한 흥미를 지속시킬 수 있도록 도와 주세요.

정답 및 지도서 A1

3주 1~5 수 익히기

지도 방법

1. 1~5의 개수 세기와 수 세기를 종합적으로 정리합니다.
2. 쓰기 학습을 하기 전에 먼저 1~5의 수를 큰 소리로 읽어 보게 하여, 숫자의 모양과 이름을 정확히 알고 있는지 확인해 주세요.
3. 숫자 쓰기를 할 때에는 반드시 올바른 필순에 따라 쓰도록 지도해 주세요. 이 시기에 잘못된 필순을 익히게 되면 나중에 바로잡기가 무척 어려우므로, 정확한 필순에 따라 숫자 쓰기 연습을 하게 해 주세요.
4. 제시된 숫자와 같은 개수의 그림을 찾아보면서 1~5의 수와 양을 인식하고 변별하게 해 주세요.

68 ~ 69쪽

- 1부터 5까지의 수를 손가락을 하나씩 펴 보면서 세어 볼래?
- 맛있는 케이크가 각각 몇 개씩 있는지 세어 볼까?
- 케이크의 개수와 같은 수에 ○ 해 보자.

70 ~ 71쪽

- 어떤 수가 적혀 있니?
- 수를 읽고 그 수만큼 손가락을 펴 볼래?
- 손가락을 편 개수만큼 ○를 그려 보자.
- 맞게 그렸는지 ○의 개수를 함께 세어 볼까?

72~73쪽

- 1~5의 수 중에 ○○가 가장 좋아하는 수는 어떤 수니?
- 그 수만큼 동물이 있는 곳을 손가락으로 가리켜 볼래?
- □ 안에 동물의 마릿수와 같은 수를 써 보자.

74~75쪽

- 이번에는 엄마가 좋아하는 수를 말해 볼게. (1~5의 수 중 하나를 불러 주세요.)
- 그 수만큼 블록이 있는 것을 ○○가 찾아줄래?
- □ 안에 그 개수만큼의 수를 적어 보자.

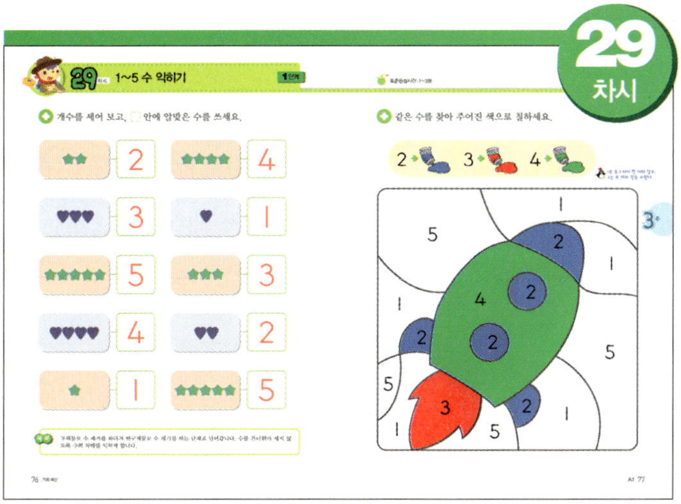

76~77쪽

- 같은 수를 찾아 주어진 색으로 칠해 보자.
- 2는 파란색으로 칠해야 하지? 2를 빠짐없이 모두 찾아 파란색으로 칠해 보자.
- 다 색칠하니까 무엇이 되었니?

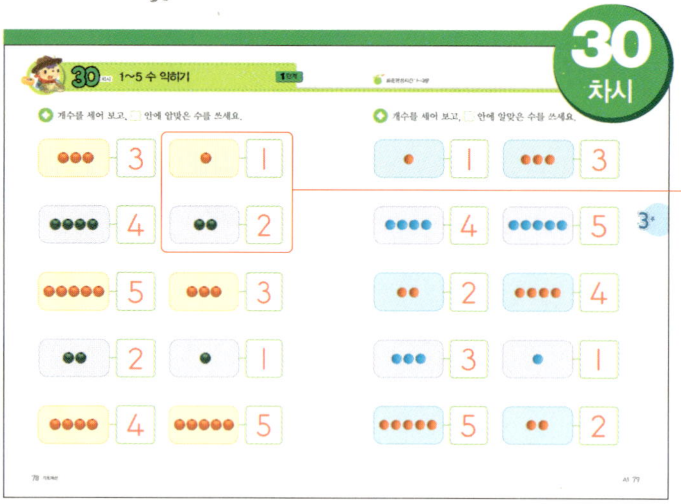

78 ~ 79쪽

- 이번에는 동그라미의 개수를 세어 보고 알맞은 수를 □ 안에 써 보자.
- 한 개 있는 곳에는 1을 써 보자.
- 두 개 있는 곳에는 2를 써 볼까?
- 나머지도 개수를 세어 보고, 알맞은 수를 써 보자.

80 ~ 81쪽

- 동그라미가 모두 몇 개인지 세어 볼래?
- 5는 어떻게 썼지?
- 5는 쓰기 조금 어렵지? 엄마가 가르쳐준 쓰는 순서에 맞게 천천히 써 보렴.
- 빈칸을 넘어가지 않고 숫자 5를 바르게 잘 썼구나.

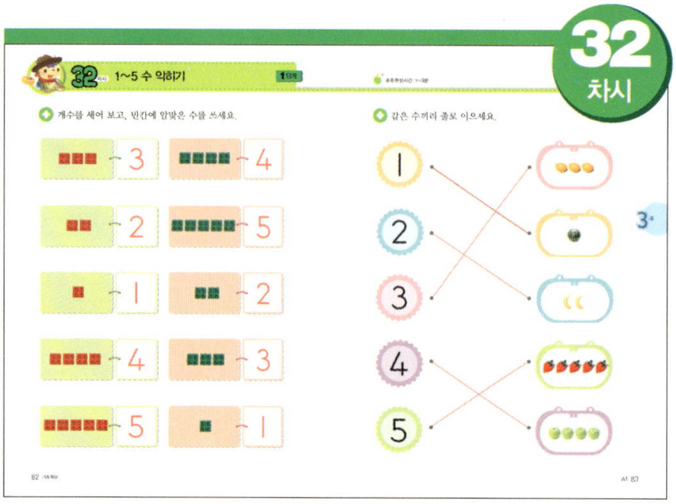

82 ~ 83쪽

- ○○야, 1~5 수의 이름과 쓰는 방법을 알고 있니?
- 블록의 개수를 세어 수로 써 보자.
- 일은 랄랄라 하나이고요, 이는 랄랄라 둘이고요, 삼은 랄랄라 셋이고요, 사는 랄랄라 넷이고요, 오는 랄랄라 다섯이지요.

84 ~ 85쪽

- 1~5의 수를 세어 볼까?
- 3과 5 사이에는 어떤 수가 있을까?
- 잘 모를 때는 1~5의 수를 다시 한 번 세어 보렴.
- 빈 칸에 수를 쓰고 큰 소리로 읽어 볼래?

86 ~ 87쪽

- 이번에는 5부터 1까지 거꾸로 수를 세어 볼까?
- 거꾸로 세기는 어려우니까 처음에는 숫자를 보고 세어 보자. 연습을 많이 하면 숫자를 보지 않고도 거꾸로 세기를 잘 할 수 있단다.

88 ~ 89쪽

- 4와 5 중 어느 수가 더 큰 수지?
- 블록의 개수를 세어 보고 더 큰 수에 예쁘게 색칠해 보자.
- 우리 ○○도 수만큼 블록을 쌓아 보며 어느 쪽이 더 큰 수인지 직접 확인해 볼까?

90 ~ 91쪽

- 동물들이 양손에 숫자 카드를 한 장씩 가지고 있구나.
- 숫자만 보고 어떤 수가 더 큰 수인지 알 수 있겠니?
- 어려우면 1~5의 수를 연습장에 적어 볼래?
- 3, 4를 각각 가리켜 보렴. 수를 차례대로 셨을 때, 나중에 쓴 수가 더 큰 수란다.

체크 포인트

① 주변의 사물과 숫자 카드를 이용하여 개수 세기와 수 세기를 반복 학습하도록 지도해 주세요.

② 먼저 손가락으로 수를 따라 써 보면서 숫자를 쓰는 올바른 필순을 익힌 후, 쓰기 도구를 이용하여 천천히 숫자를 따라 써 보게 해 주세요.

③ '하나는 일, 둘은 이, 셋은 삼, 넷은 사, 다섯은 오'라는 수와 양의 개념을 확실히 인지하고 있는지 확인해 주세요.

정답 및 지도서 A1

4주 0, 6~10 수 익히기

지도 방법

1. 다양한 사물의 개수를 세어 보면서 0, 6~10의 수와 양 개념을 익히도록 합니다.
2. 그림의 개수를 세어 보면서 0, 6~10의 숫자 모양과 이름을 익히게 해 주세요.
3. 0, 6~10의 수를 익힌 다음, 각 그림의 개수에 알맞은 수를 찾아보는 연습을 하게 해 주세요.
4. 일상생활 속에서 여러 가지 사물을 손으로 만지며 1~10의 수를 세어 보는 연습을 충분히 시켜 주세요.
5. 그림을 하나씩 세는 연습을 충분히 하였다면, 한눈에 개수를 파악하는 연습을 시켜 주세요.

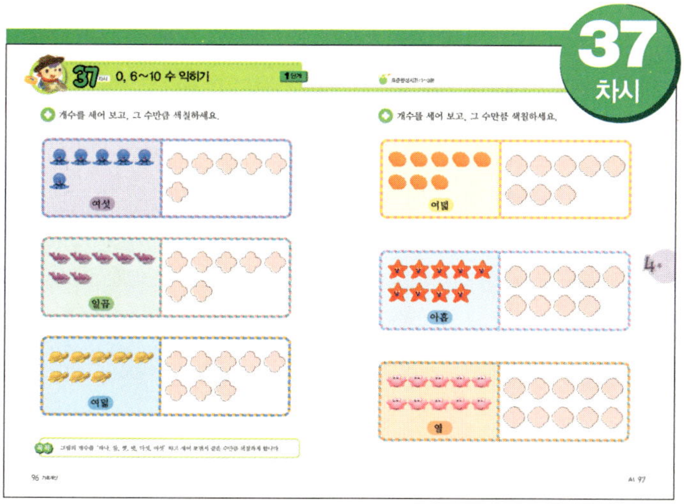

96~97쪽

- 그림의 개수를 세어 볼까?
- 여섯, 일곱, 여덟, …….
- 개수가 점점 하나씩 많아지고 있구나.

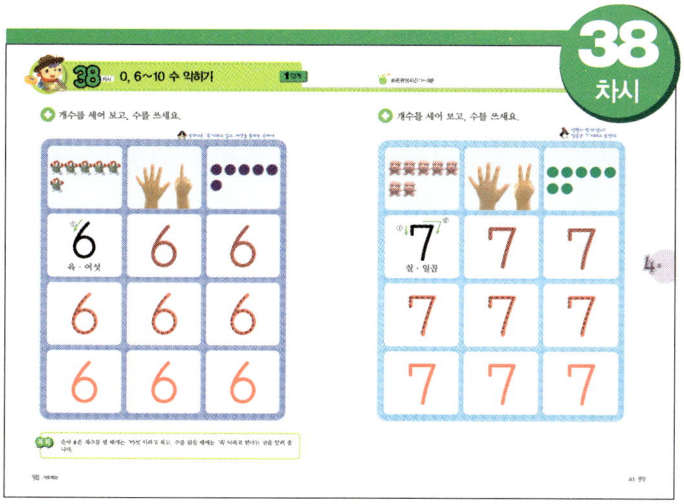

98~99쪽

- 인형과 ○가 모두 몇 개인지 세어 보고, 그 수만큼 손가락을 펴 볼까?
- 7을 써 보자. 한글 공부할 때 써 보았던 'ㄱ' 과 비슷하지?
- 하나, 둘, 셋, 넷, 다섯, 여섯, 일곱. 일곱은 '7' 이라고 쓰고 '칠' 이라고 읽는단다.

정답 및 지도서 A1

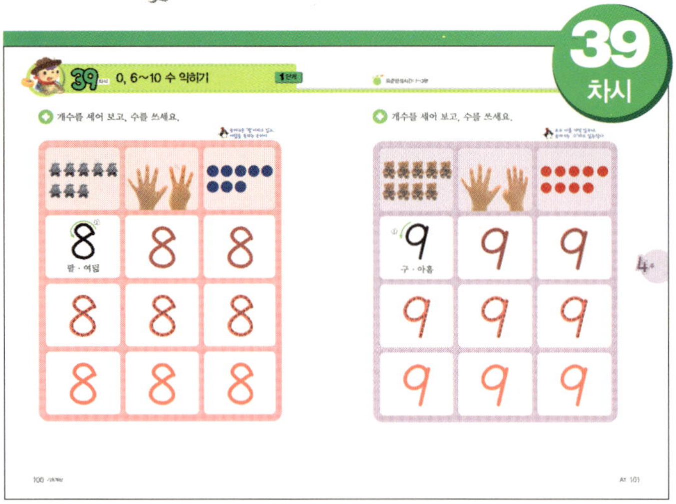

100~101쪽

- 곰 인형 아홉 개가 있네. 아홉은 '9' 라고 쓰고 '구' 라고 읽는단다.
- 앞에서 배웠던 6을 거꾸로 쓴 것과 비슷하지?
- 6과 9를 헷갈리지 않도록 여러 번 반복해서 써 보렴.

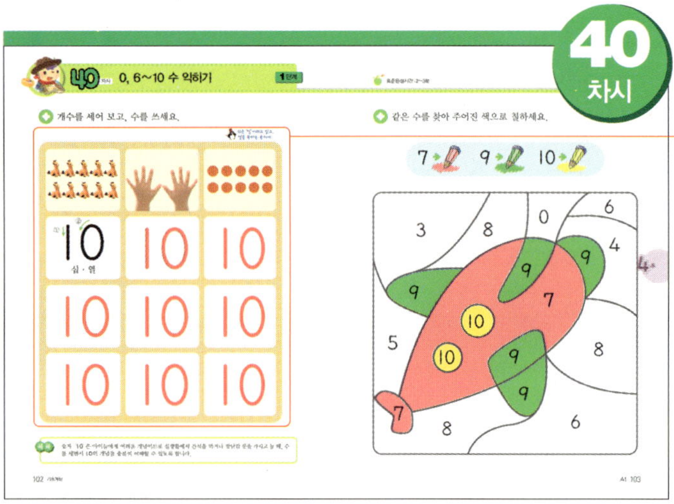

102~103쪽

- 손가락이 몇 개 펴져 있는지 세어 볼래? 그래, 모두 열 개의 손가락이 펴져 있지? 이것을 '10' 이라고 쓰고 '십' 이라고 읽는단다.
- 10을 쓸 때는 1을 먼저 쓰고 그 옆에 0을 쓰면 된단다.

104~105쪽

- 앞에서 써 보았던 수를 기억하면서 다시 한 번 점선 따라 수를 써 보자.
- 1부터 차례대로 수를 세면서 6개만큼 색칠해 보자.
- 6개가 맞는지 색칠한 ○의 개수를 세어 볼까?

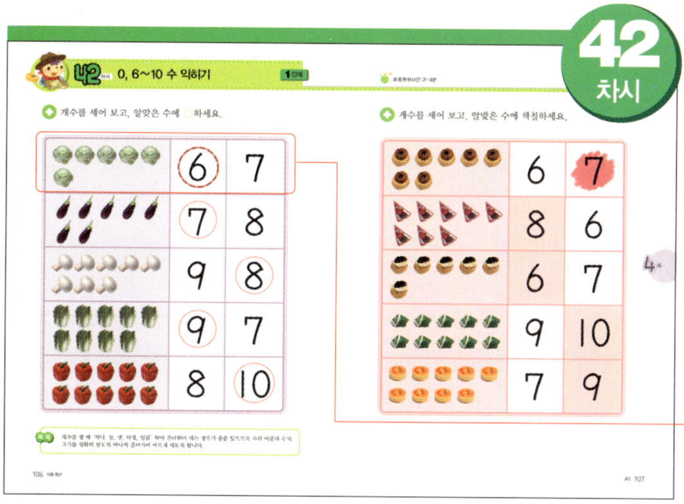

106 ~ 107쪽

- 채소가 각각 몇 개씩 있는지 세어 볼까?
- 두 수 중 어느 수에 ○해야 할까?
- 그래, 맞아. 모두 여섯 개니까 6에 ○해야겠지?

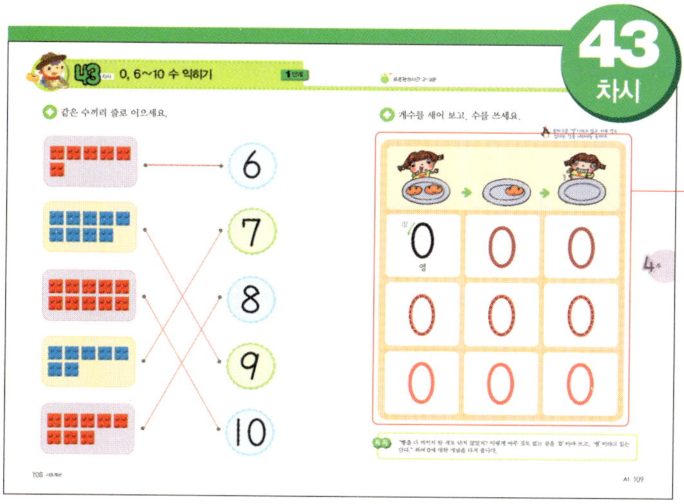

108 ~ 109쪽

- 접시에 빵이 몇 개 있니?
- 아무것도 없는 것은 '0' 이라고 쓰고 '영' 이라고 읽는단다.
- 0만큼 손가락을 펴 볼래?
- 아무것도 없는 것이 0이니까 손가락을 펴면 안 되겠지?

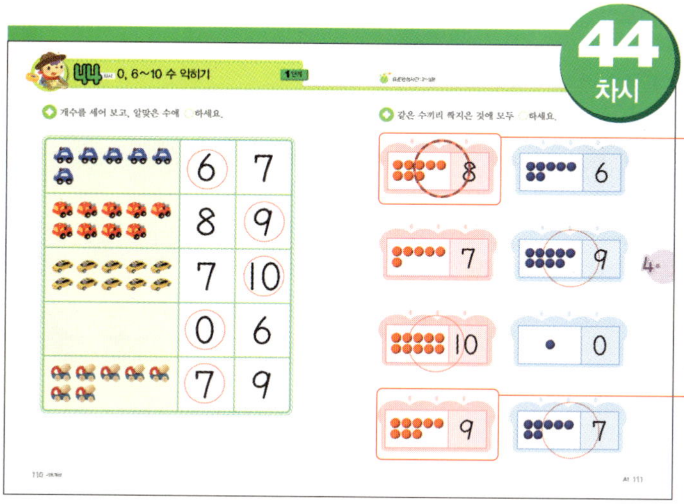

110 ~ 111쪽

- 바둑알 여덟 개를 놓아 볼래?
- 바둑알과 동그라미의 개수가 같니?
- 여덟 개를 수로 어떻게 쓸까?
- 동그라미의 개수와 수가 바르게 연결된 것을 찾아볼까?
- 동그라미가 여덟 개 있는데 9라고 쓰여 있네. ○○가 바르게 고쳐 써 줄래?

112 ~ 113쪽

- 앞에서 배웠던 1~5의 수를 세어 볼까?
- 이번에는 1~10의 수를 세어 보자.
- 6~10의 수를 다시 세어 보면서 빈칸에 빠진 수를 써 보자.

114 ~ 115쪽

- 6~10의 수를 연습장에 차례대로 적어 볼래?
- 8과 10 사이에는 어떤 수가 있니?
- 8 앞에는 어떤 수가 있니?
- 빈칸을 다 채웠으면 첫째 번 칸부터 차례대로 읽어 볼래?

116 ~ 117쪽

- 여러 가지 장난감이 있구나. ○○는 어떤 장난감을 가장 좋아하니?
- 공이 모두 몇 개인지 /로 그으면서 세어 볼까?
- 공이 모두 몇 개니? 공 밑에 ○○가 센 수 6을 쓰면 되겠지?

118~119쪽

- 6과 7 중 어떤 수가 더 큰 수 같니?
- 정말 7이 큰 수인지 하나씩 짝지어서 확인해 볼까?
- 하나씩 짝지어서 남는 쪽이 더 큰 수란다.

체크 포인트

❶ 6~10의 수는 1~5의 수를 익히는 것보다 더 많은 연습이 필요합니다. 6~10의 수를 익힐 때 아이가 1~5의 수를 잊어버리지 않도록 지도해 주세요.

❷ 1부터 10까지 수의 양 개념과 숫자 모양을 바르게 알도록 반복 학습시켜 주세요.

❸ 주어진 수를 읽고 같은 개수의 그림을 찾아보거나, 그림의 개수를 세어 보고 알맞은 수를 찾아보는 활동을 통해 6~10의 수와 양 개념을 정확히 익히게 해 주세요.

정답 및 지도서 A1

종합 평가 A1

120~122쪽

충분한 연습을 했으므로 구체물을 이용하지 않고 바로 답을 할 수 있도록 합니다. 어려워 할 경우 차근차근 풀게 하거나 다시 앞의 과정을 연습하도록 합니다.

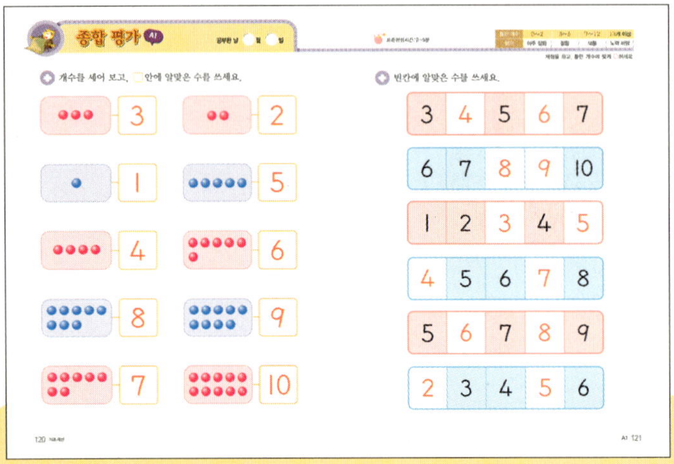
종합 평가 A1

공부한 날 월 일

개수를 세어 보고, □ 안에 알맞은 수를 쓰세요.

3	2
1	5
4	6
8	9
7	10

빈칸에 알맞은 수를 쓰세요.

3	4	5	6	7
6	7	8	9	10
1	2	3	4	5
4	5	6	7	8
5	6	7	8	9
2	3	4	5	6

120 기초계산 A1 121

종합 평가 A1

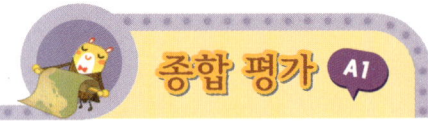

개수를 세어 보고, 더 큰 수에 ○하세요.

(2)	1	(3)	2
(5)	2	1	(3)
(6)	5	6	(7)
7	(9)	(10)	8

122 기초계산